给小学生的
36堂写作自助课

张 荣◎著

图书在版编目（CIP）数据

　　给小学生的 36 堂写作自助课/张荣著. —福州：福建教育出版社，2023.9
　　ISBN 978-7-5334-9716-3

　　Ⅰ.①给… Ⅱ.①张… Ⅲ.①作文课－小学－教学参考资料 Ⅳ.①G624.243

中国国家版本馆 CIP 数据核字（2023）第 135813 号

Gei Xiaoxuesheng De 36 Tang Xiezuo Zizhu Ke

给小学生的 36 堂写作自助课

张　荣　著

出版发行	福建教育出版社
	（福州市梦山路 27 号　邮编：350025　网址：www.fep.com.cn
	编辑部电话：0591-83779650
	发行部电话：0591-83721876　87115073　010-62024258）
出 版 人	江金辉
印　　刷	福州报业鸿升印刷有限责任公司
	（福州市仓山区建新镇建新北路 151 号　邮编：350082）
开　　本	710 毫米×1000 毫米　1/16
印　　张	16.25
字　　数	166 千字
插　　页	2
版　　次	2023 年 9 月第 1 版　2023 年 9 月第 1 次印刷
书　　号	ISBN 978-7-5334-9716-3
定　　价	39.60 元

如发现本书印装质量问题，请向本社出版科（电话：0591-83726019）调换。

前　　言

　　小学生作文启蒙，简而言之：孩子真实的经历、真切的体验，教师顺势而为的引导。

　　回首我的职业道路，如今教龄已二十年有余。前十几年的小学语文教学，让我知道了孩子写作文的痛点和难点。在此期间，喜欢创新和挑战的我，对作文教学产生了浓厚的兴趣。

　　之后的十几年，机缘巧合，我索性专注于小学作文教学的探索。现阶段，在小学作文教学方面，我自创了一套较为成熟的、有效的教学体系。我深深地相信，自己的教学体系可以有效地帮助许许多多、普普通通的孩子。

　　孩子写作文的第一大难题：不知道写什么。我的方法是引导孩子从他们的生活，以及来自他们生活的真切体验切入。

　　写作文就是写生活。《给小学生的36堂写作自助课》所选主题源自孩子的生活，如"起床花样多""印象深刻的一次用餐""购物记""提问'交响曲'""作业'进行曲'""我换_____啦""受伤记""换牙小故事""心爱的礼物""难忘的生日"……引导孩子将目光转向生活，习作素材将信手拈来。

写作的实质是一种表达。当一个人的内心被触动时，就会有表达的欲望。立足孩子的视角，巧妙地触碰孩子的内心，让他们有话想说、有话可说，才是习作引导的根本。正因为如此，"孩子有真切体验"是我选择主题的第二原则。比如，"迟到麻烦大""糟糕，忘_____""考后发卷""告状轶事""雨中行""难熬时刻""射纸飞机""'冰冻，解冻'真好玩儿"……毫无疑问，有了真切体验，习作就有了丰富的内容。

孩子们写作文的第二大难题：不知道怎么写。我的方案是科学的编排加上顺势而为的引导。

首先，我将写作的方法体系，有机地融入六个单元：走进习作—观察先行—珍视感受—引人入胜—巧妙构思—自由表达。单元的训练重点，由浅入深、逐步推进，方便孩子学习系统的写作方法。

其次，每一个习作主题，都对应一个训练点，意图在引导孩子习作的同时，领悟到具体的方法。比如，第二单元"观察先行"中，六个主题对应着："五感观察法""观察与联想""观察细节与变化""观察场面""观察事物""观察人物"。精心的编排，目的只为方法的习得都落实到位。

最后，每一个主题，都讲究科学性和趣味性。"话题激趣—锁定素材—梳理思路—突出重点—梳理成文—佳作引路—习得方法"的环节设置，恰当地引导，巧妙地推进，符合孩子的认知，契合他们的心理。此外，"用语"轻松有趣，"问题"直白易懂，再辅以"例段"和"佳作"的帮衬，让基础较差的孩子也能在不知不觉中习得方法，学会习作。

本书带给孩子们的，远不止写作的能力与方法。孩子们将在学习习作的过程中，切实体会到"思维导图"和"康奈尔笔记"的妙用。书中设置"话题延伸"的初衷，是关注孩子的成长。比如，你认为"礼物"传递的是什么？我们要怎样杜绝"丢三落四"的行为？"告状"的利弊是什么？……此类问题真实存在于孩子们的生活，启发他们思考、讨论。

本书中的"主题"源自孩子的生活，"引导"立足孩子的视角，"方式"契合孩子的内心。它符合孩子的认知水平和心理特点，能有效地帮助孩子习得写作能力，获得身心成长。

本书习作主题立体丰富，写作方法较系统全面，可操作性强，可成为小学一线语文教师实用的辅助用书。

本书内容浅显，语言直白，希望也能成为家长助力孩子写作的好帮手。

张 荣

2023 年 6 月 1 日

目　　录

第一单元　走进习作

单元目标

引导孩子清楚、有条理、完整地讲述生活小故事，从而学会叙写。

第1课　内容说清楚　　起床花样多 ………………………… 4

第2课　讲述有条理　　换牙小故事 ………………………… 9

第3课　事件说完整　　受伤记 ……………………………… 13

第4课　想法说细致　　我换＿＿＿＿啦 …………………… 18

第5课　情形说具体　　印象深刻的一次用餐 ……………… 25

第6课　叙写小故事　　购物记 ……………………………… 31

第二单元　观察先行

单元目标

掌握观察的方法，把握观察对象的侧重点，养成观察的好习惯。

第7课　五感观察法　　喝可乐 ……………………………… 40

1

第8课　观察与联想　好吃的棒棒糖……………………… 46

　　第9课　观察细节与变化　黑木耳"变身"记………………… 52

　　第10课　观察场面　搞笑的"串句"游戏 ………………… 58

　　第11课　观察事物　射纸飞机 …………………………… 65

　　第12课　观察人物　"数青蛙"大赛 ……………………… 72

第三单元　珍视感受

单元目标

留意心情，捕捉感受；以"感受"为切入点，理顺写作思路。

　　第13课　捕捉"感受"　迟到麻烦大 ……………………… 82

　　第14课　感受与素材筛选　糟糕，忘_____ ……………… 88

　　第15课　感受与材料取舍　难忘的生日 …………………… 94

　　第16课　感受与思路梳理　考后发卷 ……………………… 100

　　第17课　感受与详略　雨中行 ……………………………… 108

　　第18课　感受写真切　难熬时刻 …………………………… 113

第四单元　引人入胜

单元目标

观察生动的细节，写出画面感；捕捉细腻的感受，写出真情实感。

　　第19课　鲜活的人物　告状轶事 …………………………… *124*

第 20 课　系列的想法　"一笔画"接龙……………………… *130*

第 21 课　互动的情景　提问"交响曲"…………………… *137*

第 22 课　精彩的场面　流行风…………………………… *143*

第 23 课　欢乐的氛围　"冰冻，解冻"真好玩儿………… *150*

第 24 课　逼真的情境　停电（水）记……………………… *156*

第五单元　巧妙构思

单元目标

了解写作的步骤，掌握各个环节的具体方法，写出优秀篇章。

第 25 课　材料取舍　作业"进行曲"……………………… *166*

第 26 课　梳理思路　心爱的礼物…………………………… *172*

第 27 课　结构合理　参赛记………………………………… *178*

第 28 课　详略得当　受罚记………………………………… *185*

第 29 课　升华主题　大自然的启示………………………… *192*

第 30 课　龙头凤尾　我和书的故事………………………… *199*

第六单元　自由表达

单元目标

学写不同类型的作文，记录自己的探索，感受世界的丰饶。

第 31 课　写人　特别的奖颁给＿＿＿＿　……………… *210*

第 32 课　写动物　我喜欢的小动物…………………… *216*

第 33 课　写活动　美食，我的爱………………………… *223*

第 34 课　写自然现象　寒冷的冬日……………………… *231*

第 35 课　写想象故事　我的奇遇记……………………… *238*

第 36 课　写感想　《钉子的故事》读后感……………… *246*

第一单元　走进习作

单元目标

引导孩子清楚、有条理、完整地讲述生活小故事，从而学会叙写。

1. 认识习作。

习作是一种自我表达。

表达是内心被触碰时的自然流动。

自己想说的话，对事物的认识和感想，想象中的事物……均可以表达。

2. 走近习作。

习作是用书面语言进行讲述。

讲述自己的故事，讲述感兴趣的见闻等。

清楚、有条理、完整地用语言文字讲述，即是简单的习作。

3. 进入习作。

写作文就是写生活。

从讲述生活小事开始，学会叙写。

让孩子们自然而然地进入习作。

第1课　内容说清楚
起床花样多

一、话题激趣

"起床"这事儿天天有，细细感觉不一样。有时欢喜有时苦，有人容易有人难。小朋友们，一起来分享你的起床小故事吧！

二、锁定素材

通常，你会睡到几点起床呢？你是怎样醒来的？哪一次起床的体验最特别呢？比如：困得不行，被揪起来；睡过头，快迟到啦……

三、梳理思路

回顾一次艰难的起床经历，并照样子说一说你的"起床拉锯战"吧！

例

第一回：

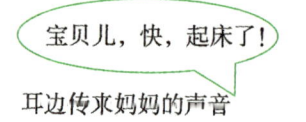

> 宝贝儿，快，起床了！

耳边传来妈妈的声音

> 不嘛！不嘛！

我揉了揉眼睛，翻了个身，说

第一单元 走进习作

> 那我过五分钟叫你啊!

妈妈停了一会儿说

> 呼——

我用被子把头一蒙,继续呼呼大睡

第二回:

> 玥玥,赶紧起床啦!

妈妈的声音又响起来了

> 等一下嘛,我还没睡够呢!

我又翻了个身,心想:烦!

第三回:

> 傅新玥!快点起床,七点半了!快点!再不起床就不送你去上学了!

唉,爸爸也来了,真是超级折腾人

> 早说嘛!起来就起来!

我嘟囔着迷迷糊糊从床上起来

我来试一试

提示:泡泡内填写语言,横线上可填写表情、动作、语气等。

第一回:

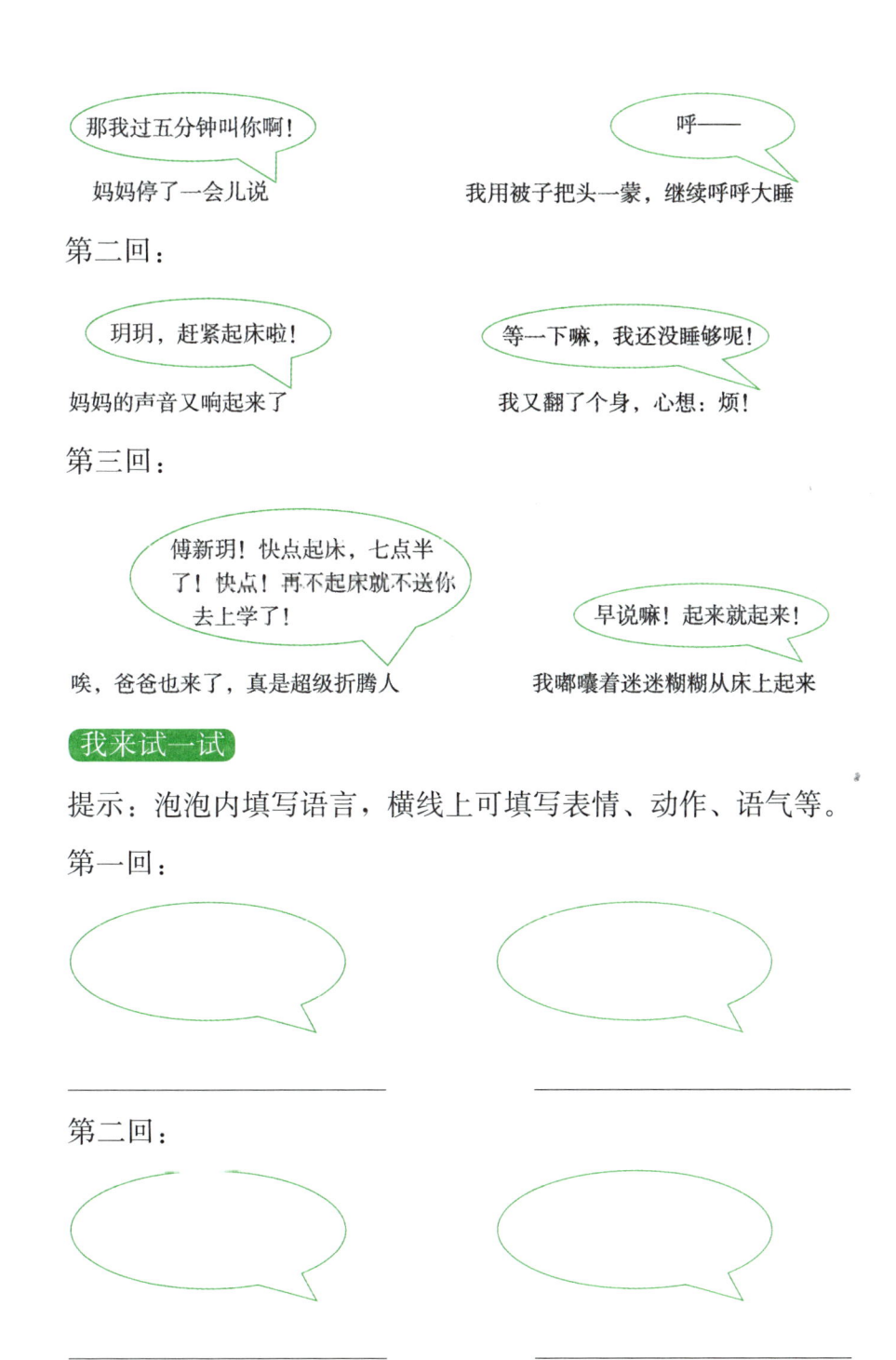

第二回:

5

第……

_____

四、讲一讲，演一演

1. 试着还原人物的动作、表情、语言。
2. 注意模拟人物的语气变化。

五、借助思维导图写作文

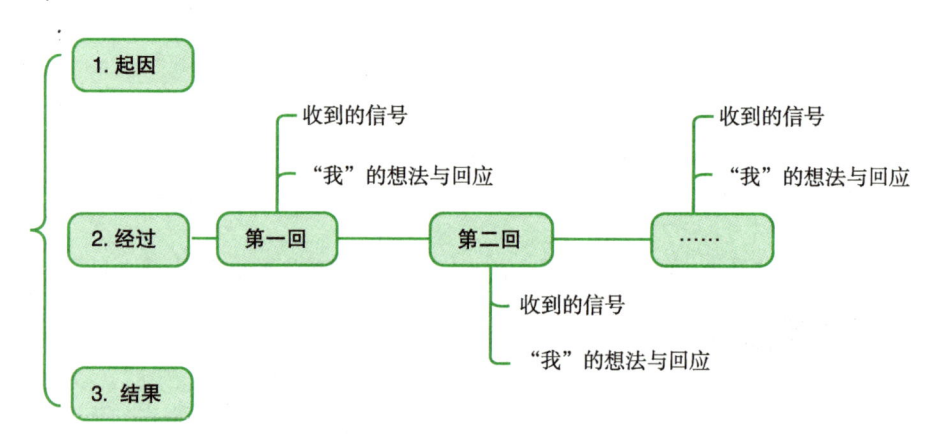

```
1. 起因

2. 经过 ── 第一回 ── 收到的信号
                    "我"的想法与回应
         ── 第二回 ── 收到的信号
                    "我"的想法与回应
         ── …… ── 收到的信号
                    "我"的想法与回应

3. 结果
```

六、佳作引路

起床真痛苦

福州市钱塘小学二年级　陈彦恺

今天早晨，妈妈**摸摸**我的头，说："宝贝，起床了！"我困极了，说："我再睡几分钟嘛！"妈妈起身去做饭了。

过了一会儿，妈妈**催促**说："安安，你快点起床！"我一转头，说："我就是不起床！"妈妈停了一会儿，说："好，你等会儿起来，动作就得快了！"说着，她转身出去了。

又过了一会儿，妈妈**着急**地说："陈彦恺，再不起床，你就要迟到了！"我不耐烦地说："你跟老师请假嘛！"妈妈抓起手机，有些**恼怒**地说："好，向老师请假**睡觉**。"我想：还是**学习更重要**。于是，我迷迷糊糊坐起来，说："我跟你开个玩笑嘛！"说完，我无精打采地去洗漱了。

唉，早晨起床可真痛苦！

懒虫，起床啦

福州市钱塘小学二年级　陈可睿

一天早上，我正在呼呼大睡。突然，"叮铃铃……"闹钟响了。**我翻了个身**，喃喃说："嗯？6点半了吗？如果没有的话，干吗要叫人家嘛！再睡一会儿不行吗？好烦——"

过了5分钟，"起床啦！要迟到啦！"闹钟的语音响了。我**眯着眼睛看了看钟**，说道："呃——嗯，才6点35哪！再睡一会儿……"我倒下去又迷迷糊糊睡着了。

第三次闹钟终于响了。"懒虫！起床啦，起床啦……"我**又睁开眼看了一眼闹钟**，"呃——啊啊啊——"原来，闹钟上显示的时间是6点40分。我可是今天的领读员啊！

我慌忙穿好了衣服，开了英语听力，迅速洗漱，拿了几个面包就冲出了家门。我如箭一般冲向了学校，还好在7点35分之前，到了学校。

下次一定要早点起床了，这样就不用担心迟到了！

> 习得方法

> 1. 观察——"听"也是一种观察。听清"话语",听懂"语气",试着捕捉"语调"和"语速"的变化。
> 2. 讲述——把"起床拉锯战"的情形说清楚。

第 2 课　讲述有条理
换牙小故事

一、话题激趣

小朋友，你换几颗牙了？换哪颗牙最难受？哪颗牙换得最轻松？换哪颗牙的情形最特别？这次，跟伙伴分享一个你印象最深的换牙小故事吧！

二、锁定素材

试着用一个词形容"换这颗牙"带给你的感受吧！

三、梳理思路

回忆换牙的具体情形。

1. 大概是什么时候，你正在干什么？咦，嘴巴里有什么感觉？你知道牙要掉了吗？当时，你的心情怎么样，是怎么想的？

_____

_____

2. 你做了什么？怎么做的？你找人帮忙了吗？你们交流了什么？他（她）是怎么帮助你的？牙是怎么掉下来的，疼吗？

3. 换掉的牙齿是什么样子的，像什么？你是怎么处理牙齿的？心情如何？

4. 换牙后的感觉怎么样？你有什么想法？过了多久，新牙长出来了？你的心情如何？

四、讲一讲，演一演

1. 把感觉讲清楚，把想法讲具体。
2. 再现人物的动作、表情、语言。

五、借助思维导图写作文

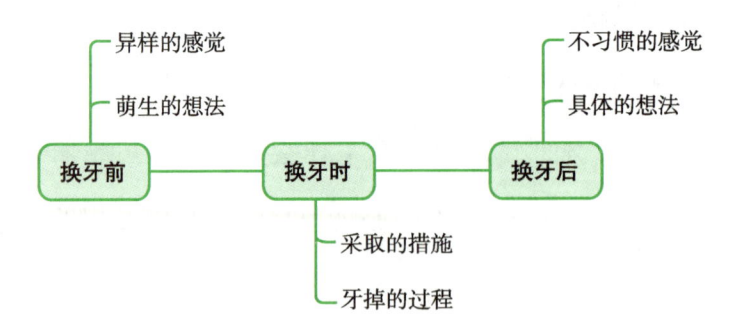

换牙前
- 异样的感觉
- 萌生的想法

换牙时
- 采取的措施
- 牙掉的过程

换牙后
- 不习惯的感觉
- 具体的想法

六、佳作引路

换 牙 记

福州市钱塘小学二年级　黄世淞

一年级的一天，我正非常入迷地看着纪录片。突然，我感觉牙床上一阵松动。仔细感觉，嘴巴里有个东西正在蠢蠢欲动。我急忙跑去找妈妈："妈妈妈妈，我的牙床上有个'竹笋'！这是怎么回事？"顿了顿，我又急切地问："我是不是长牙了？快告诉我！"说到这，我想：该不会是长虫牙吧？想到这，我不由得吓出了一身冷汗，全身都起了鸡皮疙瘩。还好，妈妈看了后说："你是要换牙了！"

第二个星期天，我和妈妈兴致勃勃地来到牙科诊所。妈妈给了护士就诊卡，问："到几号病床？"护士亲切地说："到五号病床！"医生看了我的牙齿说："有些松动，不用麻药就可以拔了！"听医生这么说，我喜忧参半，心里一半是阳光明媚，一半是电闪雷鸣。我躺倒在病床上。医生一边播放着酷狗音乐，一边用拔牙器拔着我的牙齿。"啪"的一声，我的牙被拔出来了。我看了看那沾满血迹的牙齿，差点吓晕了过去！

回家之后，我感觉心里轻松多了，也觉得自己长大了。妈妈夸我拔牙勇敢，但我还是心有余悸！

我的拔牙小故事

福州市钱塘小学二年级　程诗涵

一天，我得到"司令官"妈妈的允许，正大口大口地啃着炸鸡腿。

吃着吃着，我突然觉得鸡腿的味道不对。起先，我认为是调料在作怪。不一会儿，我又觉得有一颗牙很疼。我连忙告诉妈妈。妈妈听了说："你可能要换牙了，快让我看看。"我张开嘴巴。妈妈看了，说："你的牙流血了，真的要换牙了！"我一听，要求妈妈立即帮我拔牙。

瞧！帮我拔牙的妈妈可紧张了！她不停地问我："怕不怕？"我很想把牙拔下来，就总说："不怕！"妈妈这才放心。妈妈把手伸进我的嘴巴，用拇指和食指夹着那颗会动的牙，使劲往上提。拔了几次，没拔出来，妈妈着急了："不拔了，不拔了！你是不是很疼？"我使劲地摇摇头。妈妈只好又用劲地帮我拔。费了九牛二虎之力，妈妈才把我的那颗牙拔下来。

虽然牙拔了，我还有点不习惯，但心里却轻松多了。

习得方法

观察——异样的感觉、具体的想法，是真切感染力的来源。

讲述——按顺序把换牙的情形讲清楚。

第 3 课　事件说完整
受伤记

一、话题激趣

成长的路上，我们难免遭遇磕磕绊绊，摔伤、碰伤、扭伤、划伤、烫伤、刺伤……有时伤势严重，还会在我们的身上留下特别的"勋章"——伤疤呢！

二、锁定素材

看看你身上有哪些受伤的印记，哪一次受伤的经历让你记忆犹新呢？

三、梳理思路

1. 由"伤痕印记"引领，让思绪飘回受伤的那个当下。

在生活场景里提问	回答
What：伤势如何？	伤口是怎样的？ 形容疼痛感……
Why：为什么受伤？	正在做什么？ 意外是怎样发生的？

续表

在生活场景里提问	回答
How：怎么处理伤口	处理伤口的步骤： 1. 2. ……
结果：如今，伤口怎样了？它曾给你带来什么困扰呢？	

2. 疼痛袭来的真切感觉，伴随而来的真实想法，可以让人感同身受。

	肢体的感觉	萌生的想法
察觉受伤		
查看伤口		
处理伤口		

四、借助思维导图写作文

- 受伤前
  - 你正在做什么
  - 出什么状况
  - 肢体感觉和想法
- 受伤
  - 发现受伤
  - 查看伤口
  - 处理伤口（动作）
  - "疼痛感，动作、想法"写具体
- 受伤后
  - 伤口带来的不便
  - 反思

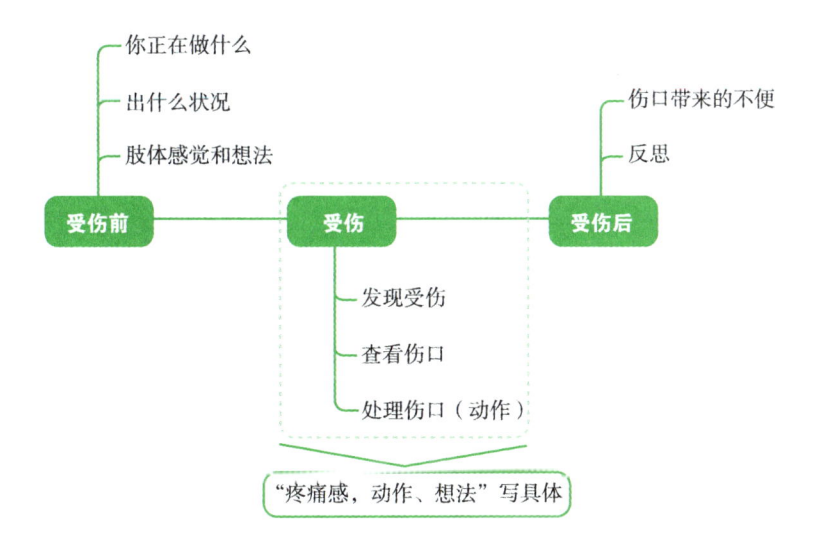

五、佳作引路

受 伤 记

福州市温泉小学三年级　何林毅

受伤，是我们不可避免的事情。小朋友们，你们有受过什么伤呢？我最难忘的，是把脚扭伤的一次经历。

那一次，我去打羽毛球。不知道为什么，打着打着，我的脚背突然传来**一阵剧烈的抽痛**。我不由得"啊"的一声尖叫，打破了球场的宁静。老爸正津津有味地看着我打球，听到了我的叫声，连忙不顾一切地冲进球场，边跑边叫："停！停！停！"听到老爸的叫声，教练吓了一跳，惊魂未定似的说："怎么了？"老爸把情况说了一下。"马上休息！看看伤口！"教练大叫着跑了过来。

我坐下来，教练看了看我的脚，说："脚扭伤了。先用冰袋冷敷二十分钟，再用热水袋敷二十分钟。"接着，教练拿出了一个冰袋，对老爸说："先敷二十分钟，我去烧开水。"老爸把冰袋往我脚上一敷，**冰冻的感觉加剧了疼痛**，我顿时"花容失色"地大叫一声："啊——好痛啊——"

就这样，在我的喊叫声中，二十分钟终于过去了。接着，要敷热水袋，经历与之前一样。敷完后，老爸叫我走一走。我刚走一步，**脚像被针扎了一样**，就又龇牙咧嘴地大叫起来。

更惨的是，教练说："接下来的这一周，你不能跳绳，打羽毛球……总之，所有的剧烈运动都不能做。"

呜呜呜……受伤真是好悲惨呀！

危险，别动

福州市湖滨小学三年级　张博闻

很多人都受过伤，像扭伤、烫伤、碰伤……但我受的伤跟大家的不太一样。想知道我怎么受的伤？那就往下看吧！

有一次，我正在洗脸刷牙。这时，我看见爸爸牙杯里的刮胡刀，心里想出了个主意。我想：看老爸用它来刮胡子不会痛，我也来试一试。想着，我就拿起刮胡刀放在脸上刮了一下，居然**不痛，也没有出血**。这可真是个奇迹呀！

可在去幼儿园的路上，我感觉脸上有点不对劲儿。一摸脸，**黏糊糊的血粘在我手上**。"啊，"我喊道，"居然出血了！"我发现血正从我脸上不断地涌出来。送我上学的奶奶赶紧看了看，说："只能这样了。到幼儿园，我让老师给你处理。"我沮丧地说："好吧！那就到幼儿园再弄！"

到了幼儿园，老师帮助我消了毒，又拿来创可贴贴在我的脸上。"啊！"我忍不住说，"好痛啊！"因为创可贴贴到我脸上时，就**像被人用手抠一样疼**。

那一次以后，我好长时间洗脸都疼！那时候，我就想：以后不能乱动不明物体，否则就又会这样了！

习得方法

观察——身体真切的感觉，内心独特的想法，是本次习作中最灵动的部分。

讲述——交代前因后果，把受伤的故事说完整。

第 4 课　想法说细致

我换＿＿＿＿啦

一、话题激趣

时光在流淌，我们在长大。陪伴我们的人与物，也在更换中发生变化。有的更换，在不知不觉中完成了；而有的更换，却掀起了我们内心的波澜。哪些"更换故事"是你难以忘怀的呢？

二、锁定素材

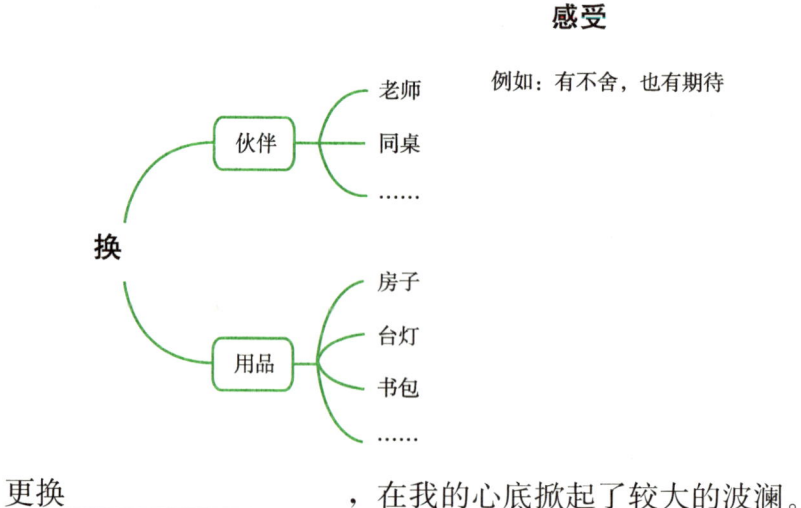

感受

例如：有不舍，也有期待

换
- 伙伴
  - 老师
  - 同桌
  - ……
- 用品
  - 房子
  - 台灯
  - 书包
  - ……

更换＿＿＿＿＿＿＿＿＿＿，在我的心底掀起了较大的波澜。

三、梳理思路

1. 更换的原因。

谁想到并提出进行更换呢？得知这个消息，你是怎么想的？

> 例

一天，我听到爸爸私底下对妈妈说："哎，孩子就要上三年级了。我们必须租一套学区房，孩子以后上学更方便一些。"我听了，惊讶地跳了起来。我心想：为什么要换呢？这房子虽然离校有点距离，但面积可大了。地板虽然硬了些，但不容易弄坏，不也挺好吗？

> 我来试一试

_____

_____

2. 更换的准备。

你们是怎样为"更换"做准备的？等待更换的过程中，你是怎么想又是怎么做的呢？

> 例

没想到，妈妈竟然说："如果你在这一个月里，每次都考 97 分以上，我就给你买！"这个月，我特别努力。每次考试前，我都好好复习，也都考到 97 分以上。终于，妈妈决定给我买新的沙漏了。于是，我在淘宝上选了一个与之前那个一模一样的沙漏。

> 我来试一试

3. 更换过程。

（1）新的物品（或人）是什么样的？看到它（他），你心情如何？你是怎么想又是怎么做的？

> **例**

下单后，只要经过小区大门，我就往物业处跑，看看快递有没有到。过了三天，我回到家，发现家门口有一个包裹。我迫不及待地拆开一看：外壳是用透明的玻璃做的，里面的沙子是五彩色的。果然是同样的一个新沙漏。我高兴得一蹦三尺高，又小心翼翼地抱着它走进了书房。

> **我来试一试**

_____

_____

（2）即将舍弃（或告别）原有的物品（或人）了，你是怎么想又是怎么做的？

> **例**

在准备搬家的那几天，我越来越感觉到不舍。毕竟，这是陪伴我多年的房子，还是有些不舍得。

> **我来试一试**

_____

_____

4. 更换完成。

新的物品（或人）带给你怎样的感觉？

例

如今，我在新房子里还是有些不习惯。新房子面积小，但是我还是希望它会给我带来美好的回忆！

我来试一试

_____

_____

四、话题延伸

1. "高档、漂亮、特别、实用……"你认为哪个词是"更换"最重要的原则呢？为什么？

2. 倘若需要妈妈帮你更换运动鞋，你会怎么说服她呢？

五、借助思维导图写作文

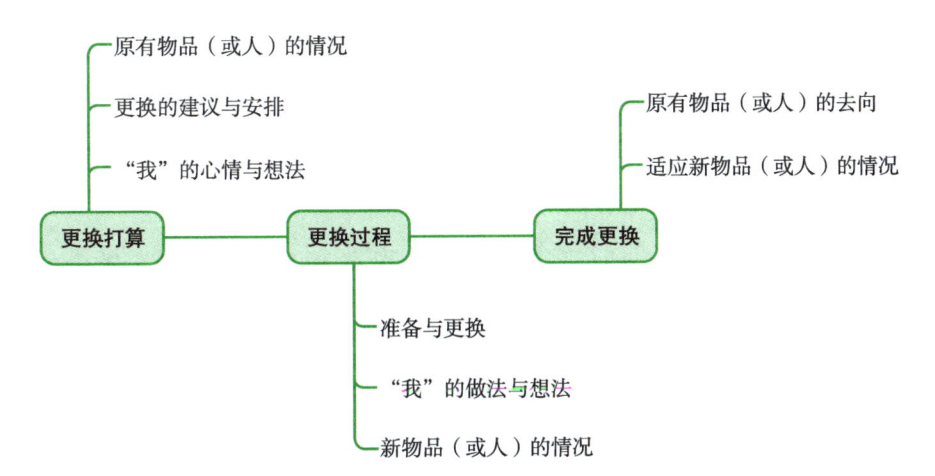

```
                ┌─ 原有物品（或人）的情况
                │                                    ┌─ 原有物品（或人）的去向
                ├─ 更换的建议与安排                    │
                │                                    ├─ 适应新物品（或人）的情况
                └─ "我"的心情与想法

  [更换打算]          [更换过程]          [完成更换]

                         ├─ 准备与更换
                         │
                         ├─ "我"的做法与想法
                         │
                         └─ 新物品（或人）的情况
```

六、佳作引路

我换剑啦

福州市钱塘小学三年级　陈彦恺

原来，我有一把木质的玩具剑，长约 60 厘米。它是妈妈从桂林带回来送给我的，我十分喜欢。可是有一天，不知道怎么回事，我发现剑柄和剑断开了。于是，我就有了换剑的念头。

有一天，我**满怀期待**地问爸爸："我能不能换了那把剑？我想买新的。对了，能不能给我买两把剑？"于是，爸爸和我讨论了一下，约定：语文考 95 分以上，数学考 99 分以上，就给我买两把剑。

终于有一天，我语文考了 95 分以上，数学考了 99 分。我高兴极了，便马上上网选了两把喜欢的剑。爸爸下单后，我**兴奋极了**！从那时起，我几乎每天都要看看剑的物流到哪儿了，**期盼**着剑能早点寄到我家。

一天，我放学回家，惊奇地发现，剑已经到了。于是，我剪开包装取出了剑。我仔细地打量着：哇，一把青龙剑，一把乾隆剑。我知道，乾隆还是清朝的一个皇帝呢！青龙剑的长度约 64 厘米，剑套上画着两条绿色的龙，显得很帅。乾隆剑的长度约 67 厘米，剑套是红通通的，上面挂着一节金属链，显得很酷。

这两把剑，我都**爱不释手**。每天，我都要拿起来耍弄一番。我一定会爱护好它们的。

我换同桌啦

福州市钱塘小学四年级　伍一帆

以前,我有一个烦人的同桌——王小明。那时候,我多么想换一个同桌啊!

我以前的同桌最大的特点就是爱多管闲事。有一天上自习课,我俩都在专心致志地写作业。可是,他刚刚写完作业,就开始东张西望了。他看见我才写了几行,就得意地对我说:"我的作业都写完了,你才写了几行。照你这个慢吞吞的速度,连乌龟也比你快!"我**生气**地瞪了他一眼,转过头去,不想理他了。他却开始起哄了。他把我的橡皮抢走,然后哈哈大笑,还扬言说不会还给我。我**恼怒**极了,立刻冲到老师那边,**怒气冲冲**地向老师告状:"我的同桌一直在吵我,我都不得安宁了!"老师听后,狠狠地批评了王小明,然后让我跟性格安静的张璋珺坐在一起。

张璋珺长着一个红彤彤的小嘴巴,脸蛋白里透红的,看上去很可爱。我**兴奋**极了,心想:这一定是一个好同桌!她的成绩在班上是数一数二的,我要向她学习。果然,我和她总能和睦相处。没过多久,我的成绩就像火箭一样"蹭"地往上升了。我的心里**美滋滋**的。这真是"近朱者赤,近墨者黑"啊!下课了,我们一起快乐地玩耍。我觉得我们在一起其乐融融的,开心无比。

我真希望能和她做一生的同桌,也希望我们可以做一生的好朋友。

习得方法

观察——"更换"意味着"去旧迎新"。或许,"迎新"会有期待,还会有忐忑;"去旧"有无奈,也会有不舍。请留意心情和想法的变化。

讲述——把心情的变化和具体的想法讲述细致。

第5课　情形说具体
印象深刻的一次用餐

一、话题激趣

一日三餐，日复一日。因为寻常，我们便不太留意。要是你留心它，品味它，便能体会到这日常的精彩。记录下用餐的特别体验，便是妥妥的写作素材哟！

二、锁定素材

用餐给予身体能量，带给我们愉悦和满足。哪一次用餐经历让你记忆犹新呢？为什么？

回忆用餐事宜	写下印象深刻的原因
时间： 地点： 进餐的人员： 美食：	
总结 特别的体验是：	

三、梳理思路

1. 用餐前。

（1）身体的感觉：你饿吗？那是怎样的感觉？

_____

（2）心里的感觉：期盼这次用餐吗？你是怎样想的，做了哪些准备？

_____

2. 用餐时。

（1）美食诱惑。

诱人的美食	色　香　味
例如：北京烤鸭 1. 2. ……	整只烤鸭是棕褐色，皮看样子是酥酥脆脆的。我吸吸鼻子，还能闻到花草的清香呢！我连忙拿起筷子夹了一块鸭肉直往嘴里塞。啊，太好吃了吧！皮又香又脆，肉嫩极了！
概括描写其他美食：	

（2）用餐情形。

人员	用餐表现
例如："我"	我狼吞虎咽地吃起烤鸭来，吃着还忍不住竖起大拇指称赞道："真好吃！"
1.	
2.	
……	
总结 用餐的感觉：	

3. 用餐后。

（1）大家吃得怎么样？饭后，餐桌上是什么样的情况？

（2）吃饱的感觉怎么样？你心中有什么想法？

四、讲一讲，演一演

1. 表演肚子饿与肚子饱。

2. 模仿一个同伴的吃相。

五、借助思维导图写作文

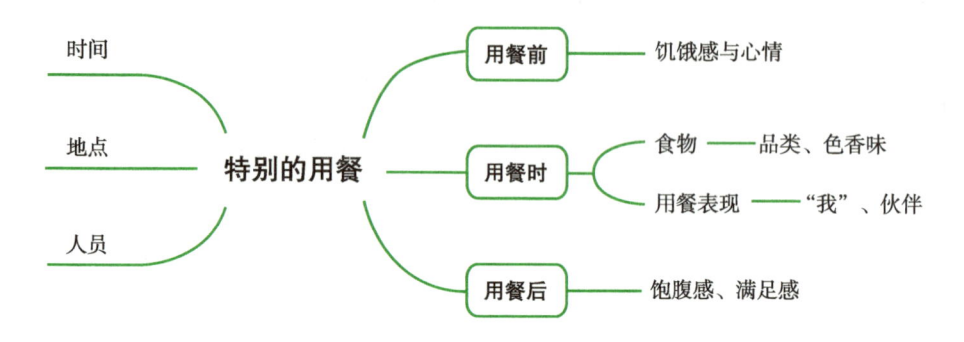

```
                          ┌─ 用餐前 ── 饥饿感与心情
           时间            │
                          │           ┌─ 食物 ──── 品类、色香味
           地点 ── 特别的用餐 ─┼─ 用餐时 ─┤
                          │           └─ 用餐表现 ── "我"、伙伴
           人员            │
                          └─ 用餐后 ── 饱腹感、满足感
```

六、佳作引路

美味辣菜

福州市温泉小学三年级　杜昊宸

一天，我和爸爸一起去外面吃饭。饭前，我太饿了，肚子"咕咕"直叫。饭菜一上，我直搓手：瞧，煮鸡蛋、牛肉、红枣糕、空心菜……最好吃的要数毛血旺和水煮活鱼，馋得我直流口水。

开吃了，我**迫不及待**地夹了一块水煮活鱼片。据说水煮鱼是特辣的，但我不怕辣。这辣味，吃起来真有一股劲辣的感觉。我一块一块地，**无休止**地夹呀夹。没一会儿，鱼片都被我吃了一半啦！我又开始夹毛血旺。毛血旺更辣，太好吃了！毛血旺里有花菜、辣椒、豆芽、牛腩……东西可丰富了。我吃了些毛血旺里的辣椒，太舒服啦！那辣真好吃！此外，我还吃了两碗饭！过了一段时间，水煮活鱼和毛血旺都吃完了，我就吃剩下的辣椒和里面的菜品：黄瓜、豆芽……

菜品吃完了，我还是不舍弃，继续**跟水牛一样喝辣汤**，喝得津津有味。太好喝啦！毛血旺和水煮活鱼的汤汁都喝完了。旁边的服务员瞪大了眼睛，完全不相信眼前的事实。哈哈，我心里暗自得意。哟，一转眼，几乎所有的饭菜都吃完了。太饱了，我不由得摸了摸肚子。

哎哟！吃得太饱了！肚子痛，我痛得在椅子上直扭。"哟！你吃得太多了！肚子痛了！下次要吃少一点儿呀！"爸爸连声说。还好，过了一会儿，我的肚子没那么痛了！

我懂了，以后吃东西要有节制，只要吃到七到八分饱就可以了。我以后不要一口气吃太多东西了！

快乐大团圆

福州市钱塘小学三年级　魏靖芸

"过年喽！""干一杯！"听，这是什么声音？这就是吃年夜饭时，家人们的招呼声！

2014年的年夜饭，是我最难忘的一次晚餐。吃饭前，我和表弟们最先到大姑妈家。瞧，大姑妈左手拿锅，右手持锅铲，"嗞啦、嗞啦"地炒着菜。随着"哗哗"的炒菜声，一道道香喷喷的饭菜摆到了桌上。

这时，亲戚们也差不多到齐了。一大家子喜气洋洋地坐到了餐桌旁。看，那作为开胃菜的凉拌萝卜丝，那深红色的糟肉，让人感觉颇有喜庆的气氛。再瞧瞧，菜的品种繁多，有**油滋滋**的炸鱼，有清凉无比的丝瓜汤，有精致小巧的沙县芋饺，有香香甜甜的芋泥……一桌子菜几乎汇集了五湖四海的美食，应有尽有，令人垂涎欲滴。我真想马上把所有的菜一扫而空。一家人吃着、笑着，真是格外开心！男人们喝着酒，一副醉醺醺的样子；女人们大多带着孩子，正笑盈盈地喂孩子吃饭。正如爸爸说的：一大家子一起吃饭，真是其乐融融！

饭后甜点是小朋友们最喜欢的。瞧，桌上放满了甜品：有马蹄糕，有瓜子，甚至还有小朋友们最喜欢的糖果。我们吃得不亦乐乎，场面好不热闹！

吃完糖果，一些年纪大的孩子，当然也包括我，都安静下来了。这时，我们喜欢的小叔英语课堂开始了。小叔是英语老师，说起英语来格外流利。"记住，'橙色'是'orange'；'黑色'是'black'……"小叔耐心地讲着。难怪大家都说我们的年夜饭非常特别！

2014年的年夜饭，真是一次快乐的聚餐，幸福的聚餐！

习得方法

观察——美食当前心欢喜，"眼鼻口耳"齐上阵。细细品味细细瞧，写到让人咽口水。

讲述——情形说具体：描述"美食"的色香味，讲述大家"用餐"的情形。

第6课　叙写小故事
购物记

一、话题激趣

生活离不开购物！购物的方式多种多样：网购、超市购、市场购、店铺购、地摊购……你喜欢购物吗？你最熟悉哪一种购物方式呢？

二、锁定素材

不一样的购物经历，带给我们不同的情感体验：纠结、愉快、遗憾、后悔……哪些体验是你记忆犹新的呢？

购物方式	所购物品	心情变化
例如：网购	自行车	购买时激动—选择时纠结—等待时期盼—到货时兴奋

31

三、梳理思路

回想你最难忘的一次购物经历。

在生活情境中提问	回答
What：买什么？ Why：为什么买？ How：怎么买的？	_____ _____ 1. 选择：_____ _____ 2. 交易：_____ _____
结果：	

1. 事因：什么时候？谁提出购物主张？其他人如何响应？你怎么想？你们做了哪些购物准备？

例

今天是母亲节。我想：我是一个人去买花呢，还是约几个朋友一起去呢？我想了想，还是约朋友一起去吧！我打电话给好朋友，朋友们都答应了，说在小区门口集合。我换好衣服，就出门了。

我来试一试

_____
_____
_____

2. 挑选：商家的商品留给你怎样的印象？你最先逛的是哪个区域？哪些商品陆续吸引了你的注意力？你是如何挑选的？

例

到了北大路的"缤纷花店"，我看到了姹紫嫣红的鲜花，心里不由得乐开了花。花店里的花品种繁多，五颜六色。我一眼就看中了一束粉色的玫瑰。但好朋友说，康乃馨送给妈妈比较合适。我和朋友们讨论了好久，终于商量好了！我决定买妈妈最喜欢的玫瑰。

我来试一试

3. 交易：有了想要的商品，你是怎样跟售卖员交流，并完成交易的呢？

例

我问："老板，粉色的玫瑰要多少钱？"老板笑呵呵地说："三十五元！"我打开钱包看了看：我有五十元钱。嗯，我的钱够。我付了老板钱，就捧着花同朋友们开心地回家了。

我来试一试

4. 结果：购买完毕，你们的心情如何？你有什么想法呢？

例

走在回家的路上，我想：妈妈看见了这么美丽的花，一定会很开心的！

我来试一试

四、话题延伸

1. 你会哪几种购物方式呢？

2. 你知道住宅附近的超市怎么走吗？

3. 你能分享"购买实惠好商品"的经验吗？

五、借助思维导图写作文

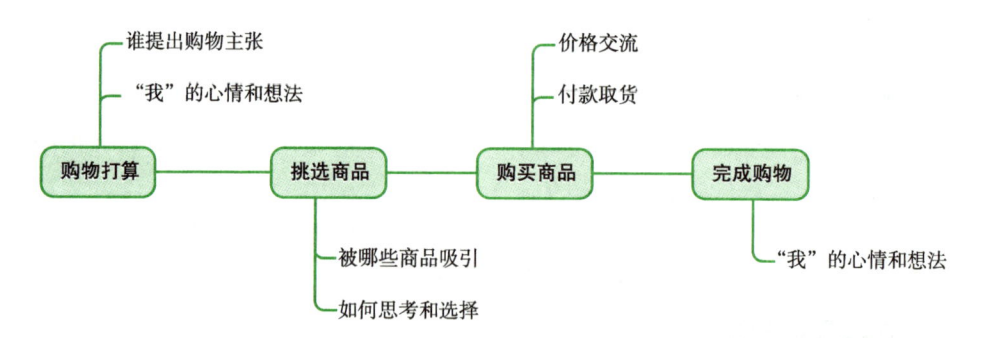

```
          ┌─ 谁提出购物主张                    ┌─ 价格交流
          │                                    │
          └─ "我"的心情和想法                   └─ 付款取货

  ┌────────┐      ┌────────┐      ┌────────┐      ┌────────┐
  │购物打算│──────│挑选商品│──────│购买商品│──────│完成购物│
  └────────┘      └────────┘      └────────┘      └────────┘
                      │                                │
                      ├─ 被哪些商品吸引                 └─ "我"的心情和想法
                      │
                      └─ 如何思考和选择
```

六、佳作引路

买　药

福州市钱塘小学二年级　张颢严

一天，妈妈生了很严重的病，难受得起不了床。看着妈妈虚弱的样子，我很担心，不知道该怎么办？

突然，我想到：生病要吃药呀！妈妈是扁桃体发炎，应该买消炎药。想到这，我像光速侠一样，穿好衣服裤子，就出去买药了！我带了五十元钱，也不知道够不够。

很快，我到了小区门口的一家药店。我走进去，大胆地问老板："消炎药有吗？在哪里？"老板和气地说："有啊！在那里！"说着，她指了指第二排药柜。我顺着老板指的方向走去。我东看看、西望望，找到了药——"头孢"！我拿起药问老板："这盒药要多少钱？"老板看了看说："二十元。"我付了钱，收起了老板找回的三十元。

最后，我拿着药往家里快步走去。我希望妈妈吃了药后，快点好起来。

开心购物记

福州市钱塘小学三年级　陈可叡

今天，张老师带我们去福州市钱塘小学旁边的文具店购买东西。

出发前，老师把我们分成几个小组。我这个小组还有陈彦恺和陈俊桐。我们的任务是购买"幻影忍者"。出发，我们兴高采烈地跟着张老师走上了大街。排在我后面的曾子益一直唱《中国少年先锋队队歌》，心情真是好呢！

到了小卖部，我像闪电般冲进去，想第一个完成购物任务。可是，第一家店没有"幻影忍者"。我们又跑到第二家店看，也没有。咦，这是怎么回事？我们会完不成任务吗？我不禁有些担忧。我们只能到第三家店看看了。在那里，我们终于找到了许多的"幻影忍者"。我们兴奋地围着箱子，一个个地翻找。

可是，问题又来了。老师要我们买浅蓝色的"幻影忍者"。但这里有深蓝色、红色、紫色……偏偏没有浅蓝色的。这可怎么办呢？我们只好回头去找张老师。张老师想了想说："哦，那就让陈彦恺决定吧！"

于是，我们在装"幻影忍者"的箱子里翻了半天。最后，陈彦恺选中了一个深蓝色的。我们问老板："这个东西要几块钱呀？"老板和气地说："五块。"我们付了钱，高高兴兴地跟着张老师回教室。

对于我们来说，只要能外出活动，简简单单的购物，也很有趣！

习得方法

观察——生活中的寻常小事，蕴含着生活的气息，那是真切、生动的写作素材。

讲述——"挑选"和"交易"的过程说清楚，感受和想法讲细致，前因后果要交代。

第二单元　观察先行

第二单元　观察先行

单元目标

掌握观察的方法，把握观察对象的侧重点，养成观察的好习惯。

1. 五感观察法。

"五感"对应人的视觉、听觉、嗅觉、味觉、触觉。

五感观察法，帮助我们获得丰富立体的习作"原材料"。

2. 观察对象及侧重点。

观察人物：表情、动作、语言（含语气）。

观察景物：静态（颜色、形状、大小、姿态等）和动态。

观察活动：精彩场面（点面结合）。

3. 观察要点。

有序观察：方位顺序、时间顺序、整体到部分等。

抓重点观察：观察事物的特征与变化。

注入情感观察，合理展开联想。

第 7 课　五感观察法
喝可乐

一、话题激趣

生活中，喝可乐再平常不过了。你能在这平常之中，有别样的发现吗？让我们请出五个观察小助手——眼、鼻、手、耳、口，一起来试试吧！

二、明确观察内容

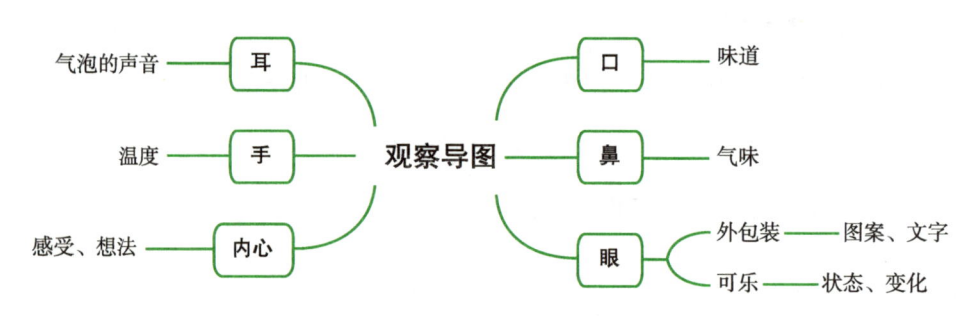

观察导图

- 耳 —— 气泡的声音
- 手 —— 温度
- 内心 —— 感受、想法
- 口 —— 味道
- 鼻 —— 气味
- 眼 —— 外包装（图案、文字）、可乐（状态、变化）

三、观察记录

1. 拿出可乐。

看到可乐，你的心情如何？有什么样的想法呢？可乐外包装是怎样的？

_____

_____

2. 倒可乐。

旋开瓶盖，可乐发生了什么变化？倒入杯中的可乐是什么样的？侧耳听一听，气泡"爆炸"发出的声音是怎样的？

_____

_____

3. 品尝可乐。

仔细闻一闻，可乐散发着什么味儿？细细品味，记录下可乐入口、停留、吞咽时，带给口腔的感觉吧！如果有伙伴一起喝，也可以描写一下他（她）喝可乐的表现哟！

_____

_____

4. 特别的发现。

观察过程中，你还有什么特别的发现或是不一样的体验呢？

例

我伸长鼻子闻了闻，那是一股可乐的浓香味。不妙的是，几滴调皮的可乐蹦进了我的鼻孔。于是，我的鼻子直冒泡泡，这可真让我哭笑不得。我又仔细看了看，发现上升的气泡撞到了其他的泡泡，就会加速上升。

我来试一试

_____

_____

四、话题延伸

1. 关于可乐，你知道些什么？

2. 分享你所知道的喝可乐小故事吧！

例

看着可乐，我不禁想起了一幕。那一次，哥哥给我买了一瓶可乐。我拿着可乐摇了摇，瓶子里涌起了很多泡泡。我想尝尝气泡的味道，就用力一扭。"呲"的一声，可乐洒了一地。后来，我才知道，可乐摇晃后不能马上打开。就算没有摇晃，也要轻轻地开。

我来试一试

_____

_____

3. 关于喝可乐，你想给小朋友什么样的建议呢？

_____

_____

五、借助思维导图写作文

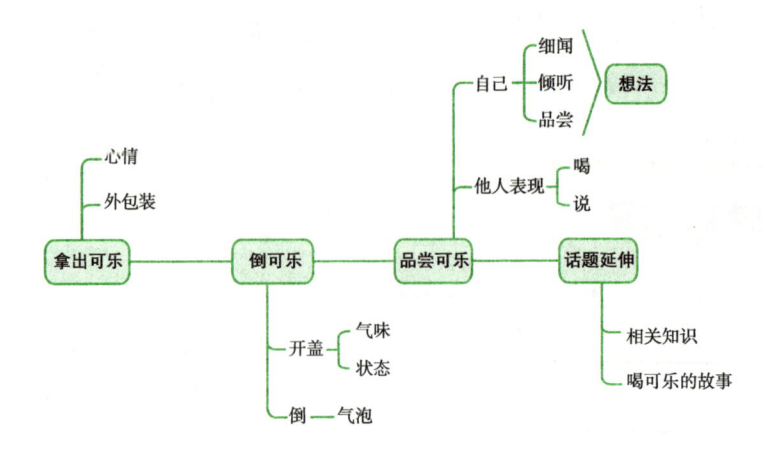

六、佳作引路

喝 可 乐

福州市钱塘小学三年级　连清扬

今天，张老师一脸神秘地从一个纸箱里拿出了两大瓶可口可乐。那两瓶可乐的样子真可爱：小小的脑袋，大大的、鼓鼓的肚皮，像个胖娃娃。同学们一见可乐，就异口同声地喊："耶！"我有些激动，也有些纳闷：这节课，我们要喝可乐吗？

张老师先给我们各发了一个纸杯，然后开启了一瓶可乐，给每个人都倒了一点。我**发现**可乐倒在杯里时，会冒出许多小小的白色气泡。过了一会儿，气泡基本上都消失了。只是可乐底部还有一些透明的小气泡，像一颗颗美丽的珍珠。我**闻了闻**，可乐有一股又酸又甜的味道。我**喝**了一口，舌头瞬间有一种刺刺的感觉。

有的同学喝可乐的方式很特别。他们把纸杯口捏得又扁又长，然后把尖尖的一头对准嘴角一点一点地品尝。我同桌没事找事，竟然去捏杯子，搞得满桌满地都是可乐。我的衣服也被他弄湿了，真是倒霉！

记得有一次，爱喝可乐的爸爸又从超市买来了很多可乐。我希望爸爸知道多喝可乐不好，就想了个办法。我做了个小实验：把一个鸡蛋放在可乐里面，过了几天，鸡蛋果然变质了。从此，爸爸再也没有喝可乐了。瞧，可乐对我们身体的危害是很大的。

可乐很好喝，但我们不能多喝。可乐里含有很多的二氧化碳和糖分，喝多了牙齿会变黑。

不过，我不得不说，上作文课喝可乐，真的超开心！

喝 可 乐

福州市中山小学三年级　林烁

今天，张老师请我们喝可乐。她微笑地从冰箱里拿出一大瓶冰可乐。同学们都很激动，只有我无动于衷。因为我最讨厌喝可乐啦！瞧，有个同学的眼里闪着金光："这一大瓶可乐，太诱人啦！如果是我的，我要两天之内把它干完！"大家听了，笑得合不拢嘴。

张老师使劲拧开可乐瓶盖。可乐"呲——"的一声，就像草丛里的蛇向我们爬来。可乐的颜色黑黝黝的，就像黑葡萄的颜色一样。张老师给大家倒可乐。杯中有许多白色的泡泡冒上来，犹如一件衣裳。但可乐太顽皮了，不一会儿就把它那件白白的衣裳给挣破了。我闻了闻，可乐散发出酸溜溜的味道。

开始品尝可乐了。张老师闭着眼睛，喝下一口可乐，享受着可乐的味道。有个同学兴奋地说："可乐是我的敌人，所以要干了它！"我喝了一小口，舌头真是太太太麻了。我有了新发现：从杯子上方看，可以清楚地看到泡泡；从侧面看，却看不见泡泡了。我把可乐放在耳边听，泡泡爆炸的声音，就像是远处传来的"飞流直下三千尺"的声音。可我才喝了一点可乐，胃就提出抗议了。我感觉胃快爆炸了，也就不敢再碰可乐了。

剩下的可乐咋办？总不能白白浪费吧！老师提议做成可乐冰棒，

第二单元 观察先行

下一节课吃！我们觉得很开心！

> 习得方法

五感观察法——"五感"对应人的视觉、听觉、嗅觉、味觉、触觉。换而言之，"眼、耳、鼻、口、手"是我们的观察"小助手"。需要时，请"小助手"轮番上阵，为我们获取丰富、立体的写作材料。

第8课　观察与联想
好吃的棒棒糖

一、话题激趣

棒棒糖，你喜欢吗？你喜欢哪一种品牌，哪一种口味呢？理直气壮地让妈妈买几根，因为咱们要描写它们啦！

二、明确观察内容

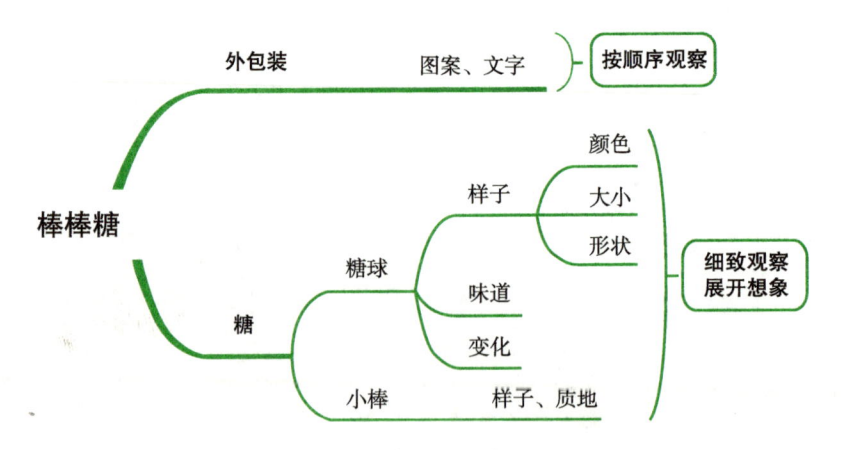

```
                    外包装 ── 图案、文字 ）按顺序观察

                                         ┌ 颜色
                              ┌ 样子 ────┤ 大小
                              │          └ 形状      ）细致观察
棒棒糖 ── 糖 ────┤ 糖球 ──┤ 味道                    展开想象
                              │
                              └ 变化
                    小棒 ──── 样子、质地
```

三、分步观察，展开想象

<mark>方法：细致观察＋大胆想象＝具体生动</mark>

第一步：对"外包装"的观察与联想。

```
                    观察记录            展开想象
               ┌── 样子：_____
    外包装的 ──┼── 文字：_____
               └── 图案：_____
```

例

我定睛望去，紫粉色的包装袋是长条形的，像一个小睡袋。睡袋上，画着一根粉红色的大棒棒糖。大棒棒糖的下方有"阿尔卑斯"四个大字。字的下方，两个荔枝宝宝在泡牛奶浴。噢，这是荔枝味的棒棒糖！

第二步：对"棒棒糖"的观察与联想。

```
                    观察记录            展开想象
               ┌── 样子：_____
    棒棒糖的 ──┼── 糖球：_____
               └── 小棒：_____
```

例

我"唰"的一声撕开了包装。顿时，浓浓的荔枝味扑鼻而来。瞧，糖球红白相间，只有龙眼那么大，下面是一根白色的塑料棍。这棒棒糖看起来，可真像微型麦克风呀！

第三步：对"棒棒糖"的品尝与联想。

　　　　　　　　　　观察记录　　　　展开想象

　　　　　　　口感：

棒棒糖的　　　味道：

　　　　　　　糖球变化：

例

　　我舔了一口，香香甜甜的，真好吃。我把糖放在嘴里吸呀吸，甜味充满了我的口腔。慢慢地，糖球变小了，像一个圆圆的小珠。吃完了糖，我还不舍得扔掉塑料棍。因为塑料棍上还有棒棒糖的香味呢！

四、话题延伸

1. 说说"吃棒棒糖"的注意事项。
2. 关于棒棒糖，你有可以分享的故事吗？

五、借助思维导图写作文

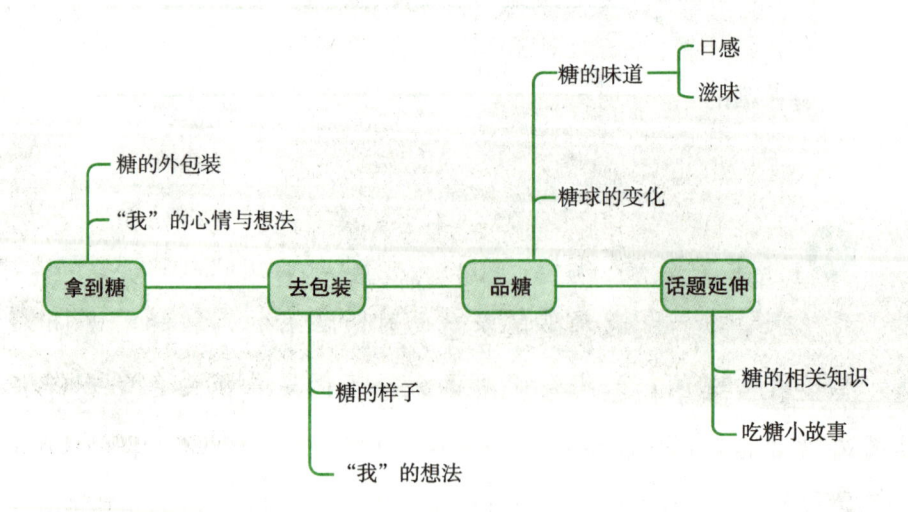

```
                                      ┌─ 口感
                          糖的味道 ──┤
                         ╱           └─ 滋味
                        ╱
              糖球的变化
             ╱
  糖的外包装
  "我"的心情与想法
        │
      拿到糖 ── 去包装 ── 品糖 ── 话题延伸
                  │                  │
              糖的样子           糖的相关知识
              "我"的想法         吃糖小故事
```

六、佳作引路

五彩的棒棒糖

福州市钱塘小学二年级　郑子祺

今天，张老师笑眯眯地拿出一袋花花绿绿的棒棒糖，同学们的眼睛都直了。同学们七嘴八舌地叫起来："老师，给我一根！""三种都给我！"……看来班上的小吃货真不少呀！

老师把棒棒糖发给了我们。我拿到的是葡萄味的。棒棒糖像是个乖宝宝，正躲在塑料袋里睡大觉呢！它的包装袋是紫色的，上面画着一只很萌的小奶牛，写着"阿尔卑斯"四个字！我又撕又咬，终于撕开了包装袋。棒棒糖的糖球像个紫色的小汤圆，小棒又细又白。

这棒棒糖甜甜的，带有葡萄的香味，好吃极了！吃着吃着，糖球变小了，像个紫色的大珍珠。我停下来不吃了，想把棒棒糖留到下课再吃。看看同学们，都舔着糖吃得正欢呢！黄晋一边舔，一边笑，一副陶醉的样子。季然却吃得很斯文，吸一口吃一下，吸一口吃一下。张一承却把整个棒棒糖都含在嘴巴里……我忍不住又吃起了糖。

吃完了糖，我多么想再吃一根啊！

棒棒糖"旅行"记

福州市钱塘小学二年级　陈昕杪

今天一早,我就得到消息,一根棒棒糖将会到我的小肠公园旅行。我开心极了,因为棒棒糖是我最喜欢的旅客。

"啊!棒棒糖旅客来啦!"瞧,她太累了,还趴在睡袋里睡着呢!她的睡袋可真漂亮!紫色的袋子上画着棒棒糖,写着"阿尔卑斯"。哦,原来这根棒棒糖是阿尔卑斯家族的,是葡萄味妹妹呢!过了一会儿,这位客人伸了个懒腰,从睡袋中出来了。哟,葡萄味妹妹长得真像一个小话筒。她的脑袋紫白相间,有汤圆那么大;身体细长,真是够苗条的。

棒棒糖妹妹笑眯眯地对我说:"我能开始旅行吗?""可以的。"我连忙张开嘴巴,棒棒糖妹妹进了我的嘴。她在我的舌尖滚动。噢,她留下了又香又甜的味道。就这样,棒棒糖妹妹一点一点地经过了我的食道,进入小肠公园去了。过了许久,棒棒糖妹妹变成了一根火柴棒,她太可爱了,我要让她在我的嘴里多停留一会儿。可她还是迫不及待地进入到我的小肠公园去了。

什么时候,我还能再迎来棒棒糖旅客呢?真期待那个时候的到来呀!

习得方法

观察与想象——带着情感观察，事物便有了温度；带入想象观察，事物便有了灵性。深情地观察事物，大胆地展开想象。

第 9 课　观察细节与变化
黑木耳"变身"记

一、话题激趣

看到"变身",你想到的是什么?影视剧中超级魔幻的那一幕吗?想知道黑木耳是怎样"变身"的?咱们来一探究竟吧!

二、观察准备

1. 请出"变身主人公"——干的黑木耳;

2. 准备"变身"催化剂——清水;

3. 准备"变身"容器——盆。

三、观察记录

1. 思考:"眼、鼻、口、耳、手"中,咱们需要请出哪几位观察小助手呢?

2. 仔细观察、认真记录。

观察方式	"变身"前（干的黑木耳）	"变身"后（湿的黑木耳）
1. 看 　　样子 　　颜色 　　大小 　　纹路		
2. 摸 　　厚薄 　　质感		
3. 闻 　　气味		
4. 相关联想	例：我拿到的干的黑木耳像一个峡谷，中间有个洞。 1. 2. ……	例：泡好的黑木耳就像是一个个黑色的耳朵。 1. 2. ……

根据记录，试着把观察到的内容说清楚，说通顺。

方法：观察方式＋获取的素材＋想法

例

干的黑木耳看上去很薄，背面是棕黄色的，正面是黑色的，活像一片枯树叶。仔细看，你还会发现上面有细细的、弯弯曲曲的条纹，像一根根弯弯曲曲的细线。

观察时机	状态及变化
1. 放入水中	
2. 一分钟后	
3. 五分钟后	
4. 十五分钟后	
相关联想	
例：刚放入水中，黑木耳像小船一样浮在水面上，有趣极了。 1. 2. ……	

四、话题延伸

关于"黑木耳"，你还知道些什么呢？上网搜一搜，整理一些相关知识，给读者普及一下吧！

五、借助思维导图写作文

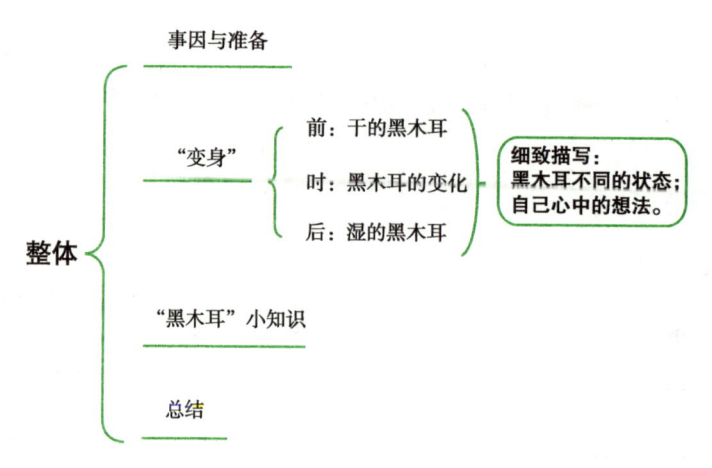

整体
- 事因与准备
- "变身"
  - 前：干的黑木耳
  - 时：黑木耳的变化
  - 后：湿的黑木耳

  细致描写：黑木耳不同的状态；自己心中的想法。
- "黑木耳"小知识
- 总结

六、佳作引路

会"变魔术"的黑木耳

福州市钱塘小学三年级　陈芷琪

今天,张老师神秘兮兮地说:"我们来写'观察小作文',嘉宾是——"哼,张老师又卖关子,吊我们胃口了!不过,没一会儿,张老师就为我们揭晓了答案——黑木耳。

黑黑的木耳发下来了。我拿了一个看:它又硬又脆,看起来坑坑洼洼的。这时,张老师又给我们每桌一杯凉水,让我们泡发木耳。于是,我和连清扬一起把干木耳放到杯子里。木耳们一进到杯子,就开始扑腾,上面到处都挂着小气泡。没过一会儿,有一个木耳"石沉大海"了,第二个紧随其后,接着第三个、第四个……木耳沉下去后,水也变了颜色。木耳在里面,水像是灰色的;把木耳拿出来,水是黄色的。

忽然,我发现:木耳泡水后变大了!看来,它泡发了。我捞出来一个仔细看:木耳的四周软软的,中间稍稍有一点硬。张老师告诉我们:"这是泡了一分钟的木耳。"原来,泡了一分钟的木耳是"刚柔并济"的。

过了一会儿,张老师又说:"泡了十五分钟的木耳,大家看一下。"连清扬捞了一个上来,惊叫着:"这个木耳像骷髅!看,眼睛、鼻子、嘴巴……"我说:"还真是像得有板有眼、五官俱全!"还有个爱心形的也被我捞出来了。"哇,大了一倍呢!"确实,它比刚入水时大了好多！

木耳可有营养了！它一般长在潮湿阴暗的树干上，属于真菌类食材。它营养成分极高，适合炒、炖、凉拌、烫火锅……被称为血管的"清道夫"，作用可大了！

这次的木耳"品鉴会"真好玩！你喜欢上会"变魔术"的黑木耳了吗？

黑木耳外传

福州市中山小学三年级　李昕玥

嗨，大家好！我是一朵小黑木耳！

今天，我们一家老小都来到了一间教室。突然，张老师把我们的"房顶"掀了起来。我们家所有的人，都被分到了小朋友的手里。**我黑色的背、棕灰色的肚皮**被一个小朋友摸来摸去。我被挠得"咯咯"直叫。一个小朋友说我长得**像骷髅**，可把我气得不轻。那个小朋友还给我量了身高，**一共3.8厘米**。嘻嘻，我的身高还不错吧？这个小朋友用鼻子闻了闻我，说："**好像酸菜呀！**"我惊得差点喷出一口血。

这时，张老师拿来了一个纸杯，倒上水，好像要请我们泡温泉似的。我和弟弟一起在杯子里泡了五分钟。慢慢地，我发现自己的身体一直在扩张，而水也渐渐变少、变黄了。纸杯壁上还出现了很多小气泡。我又被那个小朋友捞出了"温泉"，量了量身高。啊，我从3.8厘米长到了7.7厘米，身体也已经变得松松软软的啦！没想到，小朋友把我放进嘴里咬了一口，说："哦，比没泡之前的味道不知道好了多少倍呢！"可是，没煮熟的时候，我们是不能吃的呀！

大家知道吗，我们这些黑木耳是可以防治贫血，可以美容的，是一种很好的食用菌呢！你喜欢我们吗？

习得方法

观察细节与变化——从颜色、大小、形状、质感等方面，对事物进行全面、细致的观察；留意事物的特别之处，捕捉事物的动态变化。

第 10 课　观察场面
搞笑的"串句"游戏

一、话题激趣

句子成分不匹配，会造成怎样的效果呢？别扭？滑稽？想知道的话，找几个伙伴，一起来体验这款别有趣味的"串句"游戏吧！

二、游戏准备

1. 准备：一叠小纸片，平均分成四份。四份纸片对应四个内容：时间、地点、人物、事件。游戏前，参与者分头写下相应的内容。收集写好的纸片，按内容分类放好。打乱每一份纸片的顺序。

2. 方式：主持人从每一份纸片中随机抽取一张，按"什么时候，谁在哪里干什么"，依次串出句子。

友情提醒：参与者大开脑洞，多写非常规的词。比如，哪里可以写"在云朵上"，干什么可以写"下蛋"。

三、尽情游戏，留心观察

四、观察记录

1. 材料取舍：回忆游戏中难忘的瞬间。

第二单元 观察先行

最值得描写的，一定是最特别的体验。锁定游戏中能带给我们特别体验的部分。

(1) 让人好奇、期待的第一个串句是：_____

(2) 特别好笑的串句是：_____

(3) 让"我"心怀忐忑的串句是：_____

(4) 让伙伴难以接受的串句是：_____

2. 突出重点：再现游戏的精彩瞬间。

(1) 串句掀起的"波澜"：场面描写＋心理描写。

例1 第一个串句让我们好奇。

张老师打乱了小纸片的顺序，开始念起第一个串句："朱小轩在草地上吃猪肉。""哈哈哈哈哈……"同学们大笑起来。特别是我，笑着笑着，差点滑到了桌子底下。再看看我的同桌，笑得口水都喷出来了。笑完了，我想到的却是：这句子还好，不是很吓人。

我来试一试

_____

_____

例2 搞笑的串句让人啼笑皆非。

当老师念到"早上，季小小在泡泡里扫地"和"三秒钟后，张老师在海洋里下蛋"时，全班同学哄堂大笑。同学们有的笑疼了肚子，有的笑得摔倒在地，还有的笑得软软地趴在桌子上……同学们的笑姿真是各种各样！我呢，尽量控制着想满地打滚的欲望，捂着笑疼的肚子，浑身却颤个不停。

> 我来试一试

_____

_____

（2）串句与"我"有关：心理描写＋场面描写。

例1 "我"被串到句子中。

后面串的句子就更搞笑了：林小妍在厕所里下蛋。我捂着脸想：是谁写我的名字？我非揍他不可。可还没缓过气，全班的笑声已经掩盖了我的气愤。只见同学们有的笑得直拍桌子，有的笑得直捶墙壁，有的笑得捂着肚子……唉，真倒霉，我就说这游戏会坑人的。我生气地想：张老师，我跟你没完，你竟然写"下蛋"！这时，马小晴诡异地笑了笑，对我说："林小妍是我写的。"呜呜呜，我怎么会这么惨？

> 我来试一试

_____

_____

例2 好笑的词是"我"写的。

突然，张老师又说了一句让我哭笑不得的话："马小文在火星上下蛋。"大家笑得四脚朝天。我憋着笑说："火星是我写的。"但那个时刻，全班同学的目光都在马小文身上，所以没听见。我突发奇想：马小文下蛋，是什么样子的呢？是屁股坐在地上下的吗？蛋会不会被压破了呢？

我来试一试

_____

_____

五、话题延伸

游戏让我们明白：句子成分不匹配，就显得滑稽可笑。反向思考：你认为，正式场合发言，我们需要注意什么呢？

六、借助思维导图写作文

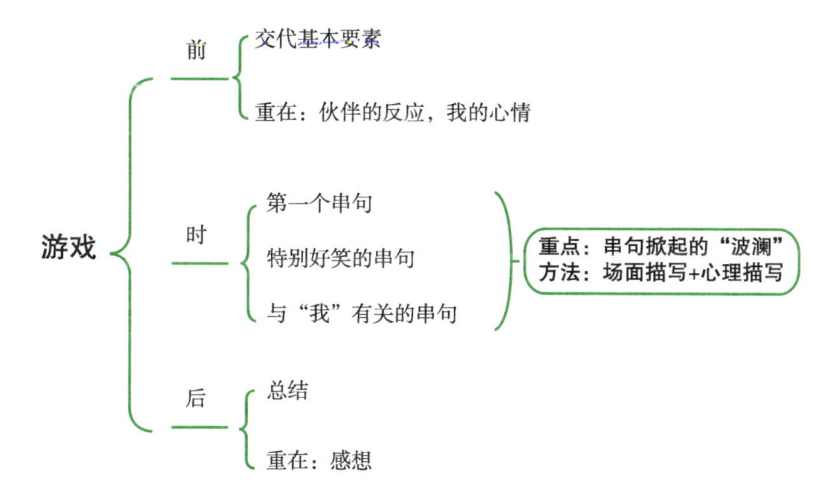

游戏
- 前
  - 交代基本要素
  - 重在：伙伴的反应，我的心情
- 时
  - 第一个串句
  - 特别好笑的串句
  - 与"我"有关的串句
  - 重点：串句掀起的"波澜"
  - 方法：场面描写+心理描写
- 后
  - 总结
  - 重在：感想

七、佳作引路

搞笑的"串句"游戏

福州市钱塘小学三年级　陈玥希

今天，张老师笑着对我们说："我们来玩一个游戏——串句。""啊?"全班一片惨叫。我也开心不起来，心想："句？串句？岂不是乱句重组吗？"

张老师神秘地眨了一下眼，说："你们玩一下试试！"老师给每个人发四张小纸片，让大家分别写"时间、地点、人物、干什么"。我不知道为什么要写这个，但还是挖空心思写了比较特别的词：下一秒，张老师，火山口，睡觉。看着这几个词，我忍不住先"咯咯咯"地笑了。

大家写完了，张老师把收上去的纸片打乱了顺序，拿出四张念了起来："一亿年前，王泓越在火山口做皇帝。""哈哈哈……"同学们哄堂大笑。我笑趴在了桌上，肚子疼起来了，当然是给笑的。回头一看，王泓越惊得差点把口中的水喷了出来。

"下一秒，俄罗斯总统在沙漠上找李子叶。""哈哈哈哈……"大家笑得乱作一团。这回，我已经笑跪在地上了。李子叶啊，你怎么跑沙漠去了？李子叶一听这句话，气得吹胡子瞪眼，怒发冲冠！

"恐龙时期，陈玥希在孤岛上……"听到我的名字，我脸上的笑容凝固了，心怦怦跳：千万不要太坏的词，不然大家会笑话我的！"陈玥希在孤岛上举行开国大典。"啥？莫名其妙。我大吼："谁写了我的名字？"廖义畅笑嘻嘻地说："是我！"我真想过去找他算账啊！不过还好，大家没有笑话我。

游戏在我们的欢声笑语中结束了。可大家还不停地叫着："下一个，下一个！"这串句游戏还真是好玩儿！

有趣的"串句"游戏

福州市钱塘小学三年级　刘林龙

今天，张老师一脸神秘地对大家说："我们来玩一个有趣的游戏。""耶！"教室里爆发出一阵欢呼声。紧接着，电脑里蹦出"串句游戏"四个字。"啊——"大家的脸上顿时阴云密布。我心想：这游戏想必是咬文嚼字的，十有八九与学习有关。但无论如何，我还是试一试吧！

游戏开始了。张老师给每个人都发了四张纸片，让我们分别在上面写时间、地点、人物、干什么。写好之后，老师分类收上去。我边写边"咯咯"地笑。因为我写的地点是"一根头发上的一个正在新陈代谢的细胞里的一个病毒里"。这么小的地方，无论搭配什么都不太正常。

开始串句了。张老师拿起纸条："特朗普在公园里捉鱼。""哈哈哈……"大家忍不住大笑起来。我更是笑得肚子都疼了。这威力简直比我的搞笑同桌讲笑话猛呀！有个同学觉得大家很奇怪："有人在公园捉鱼不是很正常吗？有必要这么夸张吗？"我边笑边回答："那个人是特朗普哪！"

有句话让我十分难忘，是"这一刻，廖辰烨正在一根头发上的一个正在新陈代谢的细胞里的一个病毒里拆炸弹"。同学们听得莫名其妙。而廖辰烨却气恼地说："哼，谁写我在那儿，你才在那儿呢！"我在一旁偷偷笑："就怪你倒霉了。"

马羲文的表现让我十分难忘。当老师读到"李昕玥在墨水中吹风扇"时，她已经笑趴了。老师读出一个串句又一个的串句，她笑得根本直不起腰来。看她那副模样，我不禁又笑起来。

今天，我们既开了脑洞，又获得了快乐，真是一举两得！

习得方法

场面描写可以烘托气氛，给人以真实现场的感受。描写活动场面，要注意点面结合。因此，场面的整体概况，典型个体的具体表现都要观察到位、描写细致。

第 11 课　观察事物
射纸飞机

一、话题激趣

飘飘摇摇的纸飞机，是童趣，是欢乐。趁着大好的天气，约上小伙伴，尽情地放飞快乐——射纸飞机去！

二、游戏准备

1. 折纸飞机，说说它最明显的特征：_____

_____

2. 为纸飞机取个酷炫的名字：_____
3. 把名字写在机身上，跟伙伴交流取名的想法：_____

_____

_____

三、尽情游戏，留心观察

四、观察记录

1. 回顾纸飞机比赛的方式：__飞远__、__飞高__、_____、

_____……

2. 比赛中，你体验到的是什么？请画"√"。

大获全胜（　　　）　　　惊险获胜（　　　）

一败涂地（　　　）　　　遗憾落败（　　　）

出乎意料（　　　）　　　其他（　　　）

3. 分步详写一场比赛的情况。

（1）准备与发射：动作＋想法。

例

花式飞行是我"圣龙一号"的专属长项，看你们还怎么赢我！想着，我向前迈开右腿，身体向后倾斜，右手拿着纸飞机朝向前方，左手抬起比成瞄准镜的样子。接着，我朝机头吹了一口热气，然后用尽全身力气把它飞出去。

我来试一试

_____

_____

（2）飞机飞行：飞行轨迹＋感受与想法。

例

只见我的飞机左转一圈，右转一圈，绕到了我的身旁又转了一圈，然后才落地。好样的！不愧是"圣龙一号"！

我来试一试

_____

_____

（3）飞机着陆：着陆情况＋感受与想法。

例

就这样，"圣龙一号"在空中飞出的花式最多，弧线最美。当之无愧得了第一。哈哈，我太开心了！

我来试一试

_____

_____

（4）伙伴的赛况：飞行情况＋伙伴的反应。

例

而此时，禹丞的小飞机从他旁边飞过，又往回飞。就这样，他的飞机不仅没有前进，反而倒退了。刹那间，大家都笑了！

我来试一试

_____

_____

4. 完整、细致地再现另一场比赛。

按"准备与发射—飞行轨迹—飞机着陆"的步骤，进行描述；记得写下内心的感受与想法。

例

我有一次失败的飞行体验，就是飞高那次。我跨开大步，左手握紧拳头高举，以便保持平衡，身体往后仰，右手捏着纸飞机。我朝飞机头使劲一吹，然后用力朝空中扔去。我的"闪光少女号"

"咻"的一声起飞了。我暗自祈祷：小飞机，你一定要飞高，给我争口气呀！哎，可小飞机好像把我的话抛到脑后，只飞了两米左右就掉下来了。我输了！我不禁抱怨："哎呦呦呦呦，嘉辰教我折的是啥纸飞机呀？这么差劲儿！"

我来试一试

_____
_____
_____

五、借助思维导图写作文

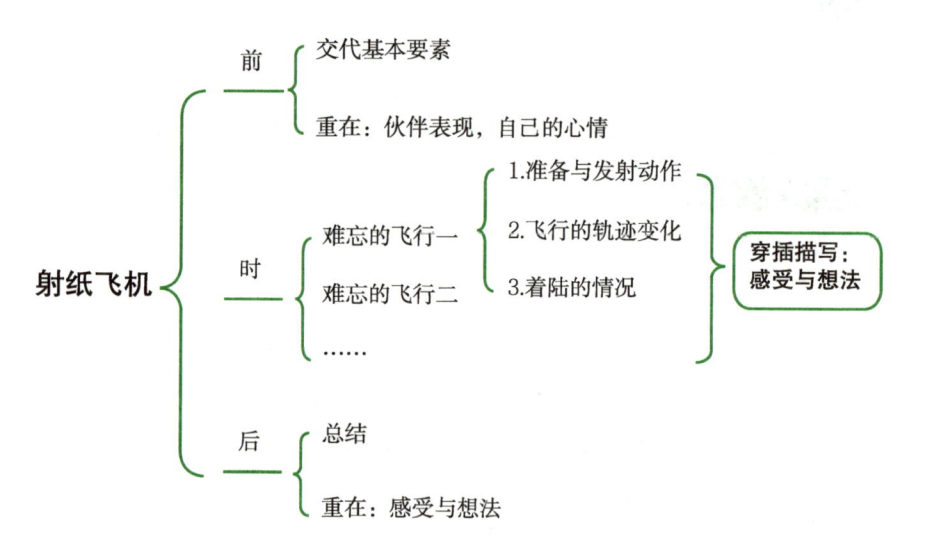

射纸飞机
- 前
  - 交代基本要素
  - 重在：伙伴表现，自己的心情
- 时
  - 难忘的飞行一
    1. 准备与发射动作
    2. 飞行的轨迹变化
    3. 着陆的情况
  - 难忘的飞行二
  - ……
  - 穿插描写：感受与想法
- 后
  - 总结
  - 重在：感受与想法

六、拓展思维

如果你是小飞机，参与、体验了这场比赛，会是什么心情，会有怎样的想法？或许，你可以化身为小飞机，用拟人的写法，来给小读者讲述自己的经历哟！

七、佳作引路

射纸飞机

福州市钱塘小学三年级　陈玥希

今天，张老师告诉我们要举行一场纸飞机大赛。同学们欢呼雀跃，我既激动又担心。

首先，当然是折纸飞机啦！我折了一架普通的平头纸飞机。张老师让我们给飞机取一个名字。我绞尽脑汁，给它取了一个霸气的名字——"嫦娥一号"。哈哈，多酷的名字！"嫦娥一号"，你一定要好好努力呀！

到了冶山春秋园，我们先进行的是飞高比赛。我紧张地盯着各个参赛选手，又看了看我的"嫦娥一号"，暗想：你一定要争气啊！裁判喊："比赛——预备——开始！"大家一齐将飞机掷出去。他们的飞机都飞得很高，尤其是廖义畅的，至少飞了六米高！而我一紧张，手一抖，不争气的飞机飞到天空不到两米，就绕了个圈，飞到我身后去了。我失望地捡起"嫦娥一号"，心想：也许我没有射纸飞机的天赋吧！

正当我垂头丧气时，叶灵告诉我："陈玥希，你可以改装飞机呀！"我灵机一动，把"嫦娥一号"改了个样，变成了尖头飞机。

第二次比的是绕圈飞。张老师说目标是飞过大雕像。我小声说："一回生，二回熟，'嫦娥一号'加油啊！"我左脚在前，右脚在后，拉开弓步。我左手握拳平举，再缓缓地将身子向后仰，右手向后一拉、一抛。"咻"的一声，飞机向前飞去，穿过雕像，又向前飞了三四米，转了两三个圈，才落地。哈哈，我胜利了！我兴高采烈地奔过去捡起飞机，对它说："你没有辜负我的期望。这是我们一起争取来的名次！"

射纸飞机比赛，有输有赢，但我感受到的却只有欢乐！

充满磨难的一生

福州市鼓楼第一中心小学三年级　陈亚捷

哈喽，我是一架小巧玲珑的纸飞机。自从我诞生后，小主人就格外看重我。我很不明白，小主人为什么要给我生命？后来我才知道，我将代表主人参加一次纸飞机飞行比赛。对了，忘了告诉你们，我有一个动听的名字，叫"彩晶号"。

那一天，小主人把我带到比赛现场。那里有许多参赛选手，他们的手里都拿着一架崭新的飞机。我又激动又有点担心：我能为主人争得荣耀吗？

第一场是飞高比赛。只听裁判喊道："各就各位——飞！""咻"的一声，我和其他的纸飞机齐刷刷地飞向了天空。只可惜，我大概飞了三米的高度，就控制不住自己，直往下坠。那时的感觉，就像是底下有什么东西拉住我往下拽似的！结局很凄惨，我输了！

第二场是飞远比赛。选手们个个紧握拳头，一副战无不胜的样子。我的主人也对我充满期待。于是，我拼尽了全力往远处飞。可我还是没飞多远，就摇摇晃晃地往下掉。又输了，我很羞愧！

最后一场是"飞越峡谷"。我大概是心里紧张,起飞就歪了,结果撞上左边的"高山",不幸身亡!我的小主人很是难过!

这就是我充满磨难的一生,不过你们别为我伤心。对于我来说,能来到主人身边,并为她去参加比赛,已经很满足了!

习得方法

观察事物——事情和物体的观察,可采用推进观察法。先关注整体的信息,在推进过程中,锁定重要的点,进行细致的观察。

例如,射纸飞机中,先是关注全过程,然后锁定"射"的动作和"飞行"的情况作细致观察。

描写重点——瞬间完成的"射"的动作,描写时需要进行"细化分解"。先慢镜头复原动作,再逐步分解,并一步一步记下来。"飞"的情况在于飞行轨迹的重现。

第 12 课　观察人物
"数青蛙"大赛

一、话题激趣

"数青蛙"是个数学游戏，它考查的是参赛者的口算能力与临场心态。来吧，找几个伙伴，来一把实力的比拼！

二、游戏准备

1. 规则：按参与者的人数平均分队；每队选手轮流上场；按顺序数"一只青蛙一张嘴，两只眼睛四条腿，扑通一声跳下水；两只青蛙两张嘴……"依次类推；时间为一分钟。

2. 输赢：完整地数几只青蛙，选手就计几分；赛后，统计每队总得分，评出获胜队。

三、认真比赛，留心观察

四、观察记录

1. 筛选素材：锁定印象深刻的选手。

哪个伙伴给你留下了深刻的印象呢？锁定两个你最想写的伙伴，在括号内画"√"吧！

（1）战绩显赫的＿＿＿＿（　）

（2）窘迫慌张的＿＿＿＿（　）

（3）诙谐搞怪的＿＿＿＿（　）

（4）成绩垫底的＿＿＿＿（　）

（5）其他＿＿＿＿（　）

2. 突出重点：再现游戏的精彩场次。

（1）"我"的参赛表现。

①回想参赛过程，在符合自己参赛状态的括号内画"√"，并仔细回忆参赛的细节。

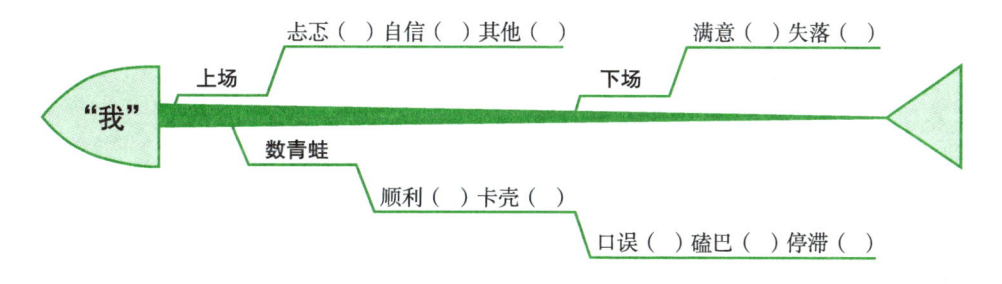

"我" 上场：忐忑（　）自信（　）其他（　）
下场：满意（　）失落（　）
数青蛙：顺利（　）卡壳（　）
口误（　）磕巴（　）停滞（　）

②写下自己的参赛表现，把内心的感受和想法写具体。

例

比赛进行得很快，轮到我了。我昂首挺胸、大踏步走到教室中央，就像课文中的那只大白鹅一样。上场时，我心想：不能笑，我要速战速决。"预备，开始！"老师一声令下。我飞快地数起青蛙来："一只青蛙一张嘴，两只眼睛四条腿……"突然，我看见魔法队的人都在笑。我有些不自在，心想：咦？我没说错啊，难道我中了敌人的调虎离山计了？于是，我便又飞快地数起来。结束时，我获得了5

分。魔法队的同学把眼睛睁得铜铃般大小，嘴巴也因为惊讶变成了"O"字形。我得意洋洋地走回了座位，心想：噢耶！还好，我天天唱《双截棍》，已经练成了快嘴了。

我来试一试

_____

_____

_____

（2）伙伴的参赛表现。

①回想参赛过程，在符合伙伴参赛状态的括号内画"√"，并仔细回忆细节。

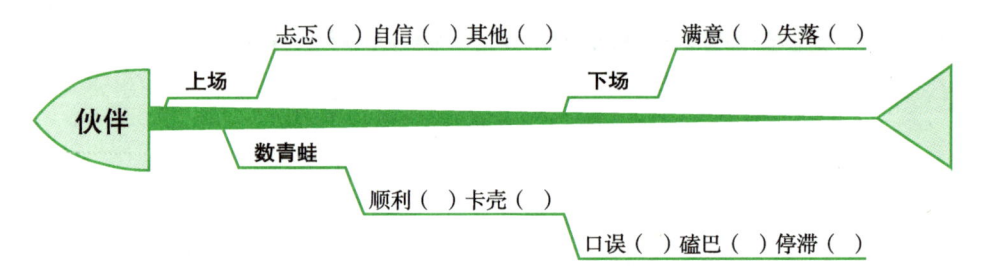

伙伴
- 上场：忐忑（ ）自信（ ）其他（ ）
- 数青蛙：顺利（ ）卡壳（ ）口误（ ）磕巴（ ）停滞（ ）
- 下场：满意（ ）失落（ ）

②写下伙伴的参赛表现，把他（她）的表情、动作、语言写细致。

例

比赛正式开始。第一个上场的是林涵。他慢吞吞地走上讲台，一开口就磕磕巴巴："一只青蛙……一张嘴，两只眼睛……四条腿，扑通一声跳下水；两只青蛙一张脸……"同学们听到这儿，便捧腹大笑。有的同学甚至站起来，朝着窗外哈哈大笑。可能是同学们的笑声打断了林涵的思路。他一脸的难堪，说话比先前更结巴了："两只两只……青……青蛙……"更糟糕的是，他说着说着便想不起自己说到哪儿了，着急得直挠头。很快，老师喊"时间到"，林涵沮丧地下了台，他只得了 3 分。我也替他感到可惜！

我来试一试

_____

_____

_____

五、话题延伸

"数青蛙"有什么技巧呢？你认为，"数青蛙"要获得好成绩，需要注意什么呢？

六、借助思维导图写作文

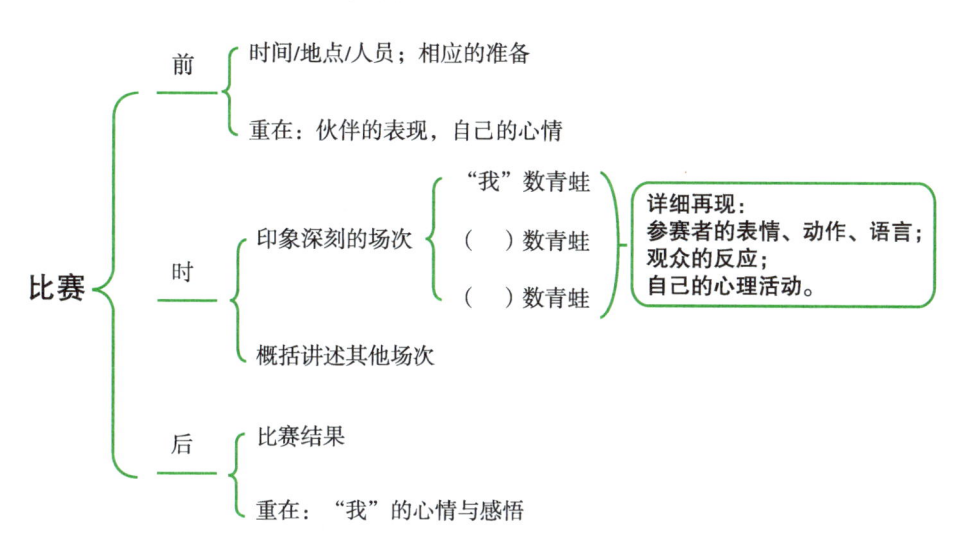

比赛
- 前
  - 时间/地点/人员；相应的准备
  - 重在：伙伴的表现，自己的心情
- 时
  - 印象深刻的场次
    - "我"数青蛙
    - （　）数青蛙
    - （　）数青蛙
  - 概括讲述其他场次
- 后
  - 比赛结果
  - 重在："我"的心情与感悟

详细再现：
参赛者的表情、动作、语言；
观众的反应；
自己的心理活动。

七、佳作引路

"数青蛙"比赛

福州市茶园山小学四年级　黄长歌

"漏油，蜗牛，漏油，蜗牛……"同学们的叫喊声中，一场别开生面的数青蛙比赛正在进行。可之前，老师说要举行"数青蛙"比赛时，场下却是嘘声一片。

分组后，我们很快就进入了状态。我们女生围成一圈开始练习。男生们也不甘示弱，两个两个小声而飞快地边算边说。

比赛开始了，第一个上场的是亚捷。只见她一脸严峻地走上台，左手横搭着，抓着右手臂，右手托着右脸颊，眼睛死盯着地板，好像地板上有答案似的。她专心地数着，尽量不受男生的干扰。这一举动让男生喊得更大声了。到了8和9之间，亚捷突然停顿了一下，我的心收了一下。真好，她换了口气又数到了9。"时间到！""耶！"我们围着亚捷走下了台，簇拥着她，好像要把她捧起来一样。

接下来是弘毅上场。在女生的严重干扰下，他一开口就卡了，从头卡到尾，最后居然才得了3分！他可真倒霉呀！后来的选手像走马灯似的上场下场，成绩都不好不坏，分数均在5分和6分徘徊。

轮到我上场了。我刚站定，队友们就用热切期盼的目光看着我，我不由得倒吸一口凉气。计时开始。可我一张口就卡了，偷看了一下手心里的答案，结果被老师瞪了一眼。我屡次想看，屡次被瞪，心里有点不是滋味。数到"5"的时候，我又卡壳了。我在心里使劲算，却算不出来了。"时间到！"啥？我4分？我悻悻地走下台。回头偷瞄了一眼记分牌，倒数第二。幸好不是倒数第一，我转忧为喜。

最后，我们以平均分6比5战胜了男生，高兴得不得了。这次比赛，我还知道了作弊的滋味不好受！

"数青蛙"大赛

福州市模范小学四年级　林烁

"三只青蛙七张嘴！""哈哈哈哈……"班里传出了一阵又一阵的笑声。原来，我们正进行一场别开生面的"数青蛙"大赛呢！

张老师宣布这个"重大消息"之后，罗孝翌立刻掰着手指头数了起来。我却抗议道："凭什么让我们玩这么幼稚的游戏？"其他同学也纷纷反对。张老师微微一笑，说："既然你们觉得这个游戏很幼稚，那待会儿可别漏洞百出呀！"

比赛开始，浩翔率先上场。只见他从容不迫地走上讲台，清了清嗓子，**慢条斯理**地从一只青蛙数到了两只青蛙。可是数到三只青蛙的时候，不知为何，他变得**语无伦次**，手不断地掏裤子口袋，仿佛里面有个锦囊，能让他转危为安似的。最后，他只得了个可怜巴巴的4分，**一脸的沮丧**。

轮到我上场了。我**大步流星**地走上前去，流利地数到了4只青蛙。同学们"啊"的声音鼓励了我，我又继续往下数。只剩23秒了，我依然**沉着冷静**，努力地数出更多的青蛙。最后，我得了个灿烂的6分。在同学们的尖叫声中，我**趾高气扬**地回到了座位，还忍不住笑了起来。

原宇翔数青蛙是最逗的。他**胸有成竹**地上场。可数了一只后，他居然"津津有味"地啃起了手指，仿佛手指上蘸了酱油就能吃了一样。不过，我却看出他的心里在冒冷汗了。果然不出所料，他数到 2 时，就举白旗——投降了。看着他**若无其事**地走下台，不少队友在心里一个劲儿地奚落他。

"数青蛙"的游戏看似简单，其实还是需要数学头脑的。正所谓——学好数学，走遍天下都不难！

习得方法

> 观察人物——人物的紧张、尴尬、窘迫、自得……都会从表情、动作、语言（或语气）中流露出来。捕捉表情、动作、语言（或语气）的细微变化，描写的人物逼真又形象。

第三单元　珍视感受

单元目标

留意心情，捕捉感受；以"感受"为切入点，理顺写作思路。

1. 珍视感受。

感受是一种主观体验，具有独特性。

任何感受，都会引发特定的心理活动。

而感受与想法，是习作中最为独特与灵动的部分。

2. 感受切入，锁定素材。

愉悦、愤怒、内疚、郁闷、憋屈……是人类丰富的感受。

强烈的情感体验，是找寻习作素材的切入口。

捕捉感受的来源，细究事情的缘由、始末，习作素材呼之欲出。

3. 心潮起伏，牵出思路，确定重点。

事态的变化，导致心情的起伏。

回顾心情的起伏变化，可帮助我们还原事件的进程，为我们梳理思路。

心情起伏的链条中，情感波动大的点，自然是事件中的重点。

第13课 捕捉"感受"
迟到麻烦大

一、话题激趣

迟到，似乎是我们不可避免的经历。上学迟到、乘车迟到、聚会迟到……有时候迟到，无伤大雅；有时候迟到，麻烦可就大了！

二、锁定素材

1. 哪几次迟到是你印象深刻的？其中，哪一次迟到的经历，你回想起来，还有不好的感觉呢？

2. 回顾那次难忘的迟到经历。

（1）原计划（或正常情况）是：_____

_____

（2）迟到的原因是：_____

_____

（3）顺着心路历程，说说迟到的具体情况。

```
                什么情况下                              结果怎样
                  感受和想法                              感受和想法

        察觉快迟到      补救措施              迟到、被罚
 心路历程
                        具体行动
                  措施一
                        效果如何
                  ……

              详写随之而来的感受和想法
```

例

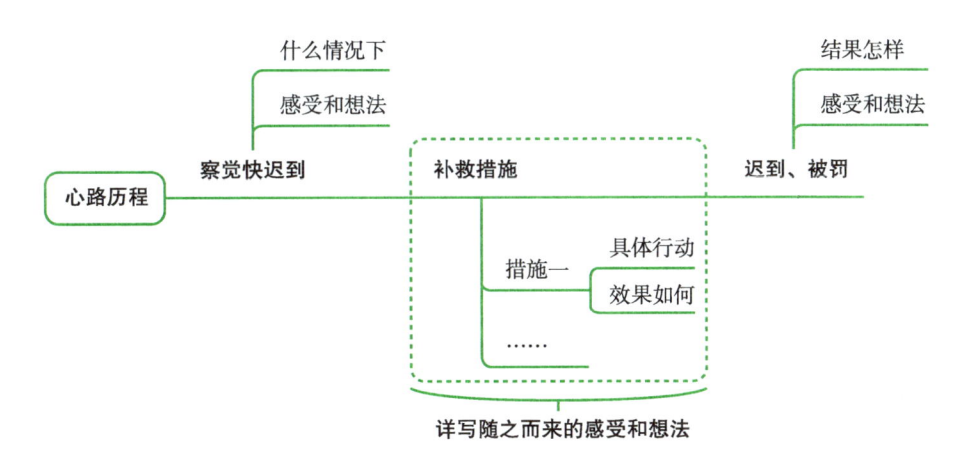

那天，我快到校门口时，铃声响了。我前面的几个同学都加快了脚步，又陆续跑了起来。难道不是预备铃声？不好，要迟到啦！我可不想写检讨书。救命呀！我赶紧迈开脚步飞一般往前跑。我一边跑，一边想：但愿老师能迟一点到教室。可是，我的运气并不好，老师已经笔直地站在讲台上了。我和另一个迟到的同学，只好站在门口喊："报告！"老师转过头，生气地说："你们都迟了几分钟。通通给我写检讨书去。现在先在外面站。"唉，我站在门外，很是心虚！都怪哥哥，吃饭慢吞吞，做什么都要妈妈催。一定是因为哥哥，我们出门晚了。

我来试一试

（4）反思：你怎么看待迟到的行为呢？你认为怎样才能避免迟到发生呢？

_____
_____
_____
_____
_____

三、讲一讲，演一演

1. 还原人物的动作、表情、语言；注意模拟人物的语气变化。
2. 讲述"我"的感受和想法。

四、借助思维导图写作文

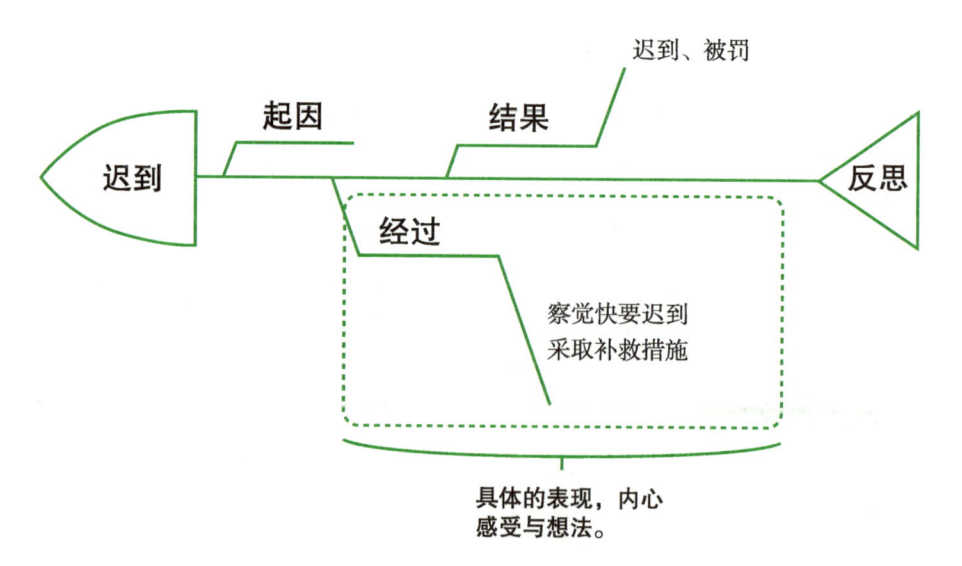

迟到 — 起因 — 结果（迟到、被罚） — 反思

经过：察觉快要迟到 采取补救措施

具体的表现，内心感受与想法。

五、佳作引路

悲催的迟到

福州市钱塘小学二年级　陈可睿

上周五，老师正在讲数学："……那么甲是语文老师，丙是美术老师，那就可以确定出乙是……""报告！"我喘着粗气出现在教室前门。老师转过头来，说："陈可睿，你怎么又迟了？"我吞吞吐吐地说："我……呃——"老师皱着眉头说："不要说了，去给我把昨天的'优化'作业抄一遍，同桌检查。"我赶紧灰溜溜地坐到了自己的座位上。

下课，我坐在座位上抄"优化"。几个同学凑过来取笑我："陈可乐，又被罚啦？""哈哈，可乐，这滋味不好吧？""啊，可乐真好喝啊！"……我好讨厌他们啊！算了，还是继续写吧！可是，他们还是没停歇。无奈之下，我只好报告老师。老师把那些同学批评了一顿。我赶紧加足马力抄"优化"。好不容易抄完了，我的心情却还是不好！

盼啊，盼啊，终于盼到了放学，我冲出了校园。啊，终于解放了，外面的世界多么美好啊！有蔚蓝的天空，几只黄色的鸟儿在空中飞翔。街道上的一切显得那么的热闹、亲切……

我的心情也好起来了！唉，我还是好好想想怎样做，才不会迟到吧！

我 迟 到 了

福州市钱塘小学五年级　陈彦恺

　　一天清晨，我感觉特别疲倦。或许是因为前一个晚上太闷热，睡得不好。妈妈叫我起床，可我身上没劲，就赖了一小会儿床。

　　起床后，打不起精神的我，洗漱、吃饭都慢了几个节拍。妈妈有些着急，就催我："快点，不然就迟到了！"然而，"迟到"两个字飘进了我的耳朵，却没有起到提醒的作用。

　　坐上电动车，看妈妈的神色有点慌。我才警觉起来："妈妈，很迟了吗？"妈妈说："比往常都迟了。""啊——"我心头也紧张了起来，"妈，那你骑快一点。""我尽量吧！"能感觉到妈妈的电动车速度加快了一些。我心中不由得暗暗祈祷：老天保佑，千万别迟到！我可不想被扣操行分。这可是会影响期末操行等级的呀！老天保佑！

　　电动车拐进了钱塘巷，可是校门口却格外冷清，只有个别神色紧张的学生脚步匆匆地进校门。往常，这里是熙熙攘攘的：来来去去的车辆、家长、学生……顿时，我的心中有一种不祥的预感，很快又转化成了一股无形的压力。天哪，我要迟到了？老师会罚我吗？大家都在早读，我却要站在门口喊"报告"，那不尴尬死了。

　　车停在了校门口，我边下车边不死心地问："妈妈，看看几分了？"妈妈快速抽出手机看了一眼："49分了。"只剩一分钟了！我二话不说，迈开步子就往学校冲。校门、操场消失在我的身后。可不幸的是，上课铃声也响了。在铃声中，我往楼上冲，汗水也顾不上擦。可是，我依然迟了。我刹住"车"站在教室门口，气喘吁吁地喊了声："报告！""进来！"林老师的语气倒是没有什么异常。我按捺住怦怦的心跳，来到座位。可是，当我的目光看到黑板时，整个人都不好了！我的号数已经被记上黑板了！

唉，晚上还是要早点睡，早晨也不能赖床了！我再也不想跟"迟到"交朋友啦！

习得方法

> 珍视感受——感受是内心体验，具有独特性；感受会引发相应的心理活动。留意并记录感受和想法，习作的内容独特又灵动。

第14课 感受与素材筛选

糟糕，忘_____

一、话题激趣

忙乱之时，我们难免丢三落四。可丢三落四的后果却很糟糕呀！往轻了说，丢三落四带来的是不便；严重的话，丢三落四会让自己陷入难堪、狼狈的境地。

这回，就让我们来说一说，因为丢三落四而引发的故事吧！

二、锁定素材

1. 你有过哪些丢三落四的糟心经历呢？

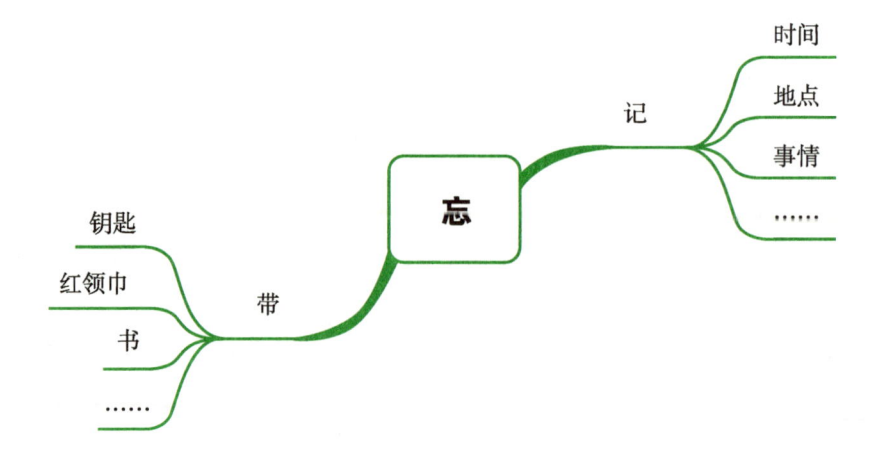

```
            带 ── 忘 ── 记 ── 时间
钥匙                         地点
红领巾                       事情
书                           ……
……
```

2. 写下你印象最深的一次经历吧！

例 一天上学，我忘带红领巾。

_____

3. 突出重点——说说那糟心的一幕幕。

(1) 什么情况下，你意识到自己忘了什么？瞬间，你的身体和表情有了怎样的变化，心里涌出了哪些想法？

例

2021年10月的一天，我兴高采烈地来到班级，准备拿起语文书早读。我从书包里拿出文件袋，左翻右翻，就是不见语文书的踪影。难道我没带？这个想法仿佛天上掉下来的一个大石头，压在我心上。接着，我把书包翻了个底朝天，还是没找到。妈呀，我完了。这回，老师的口水肯定要把我"淹死"的！

我来试一试

_____

_____

(2) 你想到了哪些补救的措施？分别采取了哪些行动？结果都怎么样了呢？

例

我想了想，急忙冲到隔壁教室，招手叫一个朋友出来。我悄悄对她说："朱朱，把语文书借我一下，我没带。"她刚要大叫，我赶紧捂住她的嘴巴说:"别呀!我明天给你带一颗糖。"吃货朋友说:"可以,可以,你拿去吧!"

> 我来试一试

_____
_____
_____
_____
_____

三、梳理思路

起因:那时候,你干什么去?心情怎么样?

_____
_____

结果:最终的结果是怎样的?面对这样的结果,你有什么想法?

_____
_____

四、话题延伸

你怎样看待丢三落四的行为呢?你认为怎样做可以杜绝这种行为?

五、借助思维导图写作文

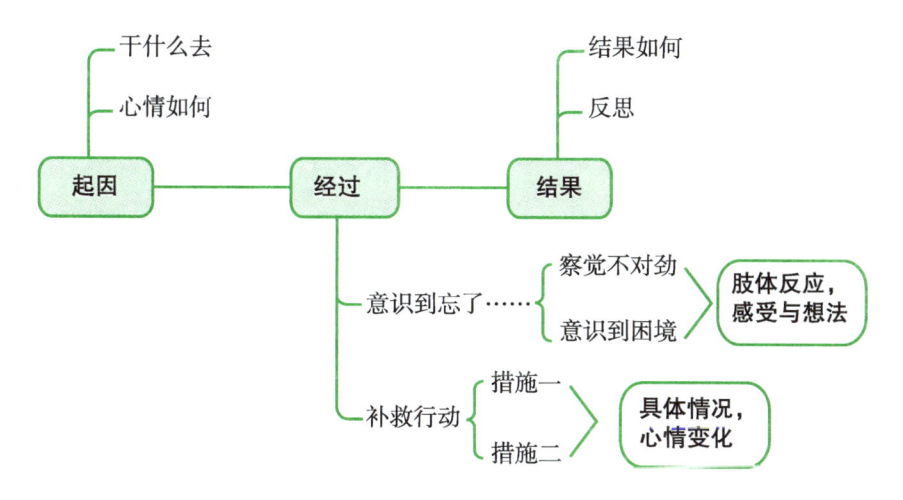

```
        ┌─ 干什么去                              ┌─ 结果如何
        └─ 心情如何                              └─ 反思
          │                                       │
       ┌─────┐      ┌─────┐                   ┌─────┐
       │ 起因 │──────│ 经过 │───────────────────│ 结果 │
       └─────┘      └─────┘                   └─────┘
                       │
                       ├─ 意识到忘了……  ┌─ 察觉不对劲   ┌──────────┐
                       │                └─ 意识到困境  →│肢体反应，│
                       │                                │感受与想法│
                       │                                └──────────┘
                       └─ 补救行动  ┌─ 措施一    ┌──────────┐
                                    └─ 措施二   →│具体情况，│
                                                 │心情变化  │
                                                 └──────────┘
```

六、佳作引路

糟糕，忘带口罩了

福州教育学院附属第二小学三年级　陈禹丞

一天下午，我坐在教室悠闲地看书。突然，上课铃响了。同学们迅速戴好口罩，以迅雷不及掩耳之势冲出教室，奔向音乐楼。

我急忙去找口罩。可我把书包翻了个底朝天，都没有找到口罩。完了，我忘了带口罩了。怎么办？怎么办？怎么办？我**急得团团转**，霎时汗流浃背。

很快，我冷静下来，准备向班上同学借口罩。可是，老天对我毫不客气！我问一名同学："能不能借我一个口罩？"他无奈地摇摇头："不能！我只有一个。"听到这话，我的**心都凉了**。就这样，我连续问了十几个同学，都没有借到。我**不知所措**，感觉全身都凉了。

91

幸好，还有一名女同学有多带了口罩。可是，这个口罩令我难以接受，因为口罩是粉色的。

摆在我面前，只有两条路可走：要么不戴口罩，被老师批评；要么戴口罩，被同学嘲笑。最终，我还是选择了忍耐。在众目睽睽之下，我戴上粉色口罩，**硬着头皮**走进了音乐教室。那一节课，我可是坐立不安，**浑身不自在**呀！

我再也不要丢三落四了，不然后果或许会更为悲惨！

惊心动魄的经历

福州市晋安区榕博小学三年级　吴启赫

一天，我走在上学的路上。突然，我**感觉到不妙**——忘带红领巾了。我第一反应就是——跑。我转身冲回家，耳边"呼呼"的风声大极了。我觉得自己跑步的速度，要比学校田径队的人都快了。跑到电梯前，我发现电梯还要等好久。我顾不得等了，直接往楼梯冲去。到了家门口，我一边重重地敲门，一边大口大口地喘气："快开门！呼——快开门！呼呼——"过了一会儿，门开了。妈妈吃惊地说："吴启赫，你怎么不去上学？"我没顾得上回答，跑进去拿起红领巾就往外冲，留下目瞪口呆的老妈。

出了电梯，我又赶紧向学校冲去。第一节上的是语文，我怎么样才不会被老师发现呢？我在门口悄悄地看了看。趁老师转身在黑板上写字时，我**心惊胆战**地从后门进入，一个前滚翻来到我的桌子旁。看老师又转身写字，我赶紧坐回到位置上。同桌想要告状，就把手举起来。我赶快伸出一只手把她的手抓下来,快速地用另一只手捂住她的嘴巴,小声说了一句:"同桌,住嘴!"这可真是惊险呀!

"叮铃铃"下课了,我把迟到的事讲给好朋友林尊听。我告诉他,千万不可以把这件事告诉任何人,更不可以告诉老师。可是不知为什么,一分钟之后,老师就知道我迟到的事了。老师转告值勤同学。值勤同学给我扣了分。呜呜呜!

这件事给了我一个教训:以后可不能丢三落四了!出门前,还是得检查一下重要的物品!

习得方法

感受切入,锁定素材——强烈的情感体验,是找寻习作素材的切入口。捕捉感受的来源,习作素材呼之欲出。

第15课　感受与材料取舍
难忘的生日

一、话题激趣

孩子们，你的生日是怎么度过的？你参加过谁的生日会呢？哪一次生日，你最难忘？

二、锁定素材

回顾生日会	难忘是因为
时间： 地点： 参加人员： 安排内容： 礼物：	看到： 听到： 经历：

续表

回顾生日会	难忘是因为
总结 特别的感受是：	

三、梳理思路

1. 美好的体验——美食的诱惑。

众多美食—最喜欢的美食—大家如何享用—"我"怎样享用—感觉如何

例

汉堡、鸡翅、薯条等各种美味食品上来了。大家抓起来就吃，吃得津津有味。接着，我们做的披萨也上来了，热腾腾的，香气扑鼻！哎呀，这我也想吃，那我也想吃。我索性右手抓着薯条，左手抓起披萨。我咬了一口自制的披萨，太好吃了！哇，我真是太有成就感了！

我来试一试

_____
_____
_____

2. 美好的体验——快乐的活动。

活动项目—其他人怎么做—"我"怎么做—最有趣的情景—结果如何

> 例

吃完蛋糕后，我们去高熙盛的小区玩"枪战"。高熙盛拿出了六万发水弹。最有意思的战斗是：一次，我发现水弹的射速很慢，奔跑中完全可以躲过去。于是，我就向"敌方"冲过去。我左闪右闪，躲过了一发又一发的水弹。等"敌军"近在咫尺时，我才射出水弹。最后，在我的攻击下，"敌方"仓皇逃窜。我的战友见此情形，也冲了过来，杀了"敌方"片甲不留。还有一次，"敌人"已经冲过来了，可我还在装弹。我一紧张，就把身边一桶的水弹都给推倒了。最后，因为没有水弹，我们就输掉了这场比赛。我们清点了用过的水弹，发现竟然用了整整五万发。

> 我来试一试

_____

_____

3. 特别的体验——意外"小插曲"。

谁正在做什么—出现什么状况—大家的反应—"我"的想法—结果如何

> 例

准备吃蛋糕了，大家把蜡烛插好，开始点。可不知是怎么了，蜡烛的火心突然掉到了蛋糕上，结果把蛋糕上面的字给弄糊了。大家见此情形都笑了起来。蛋糕被切成一块一块的，大家都争着要有巧克力的那一块。最后，大家一致决定，把这块蛋糕给了小寿星高熙盛。

第三单元　珍视感受

我来试一试

四、借助思维导图写作文

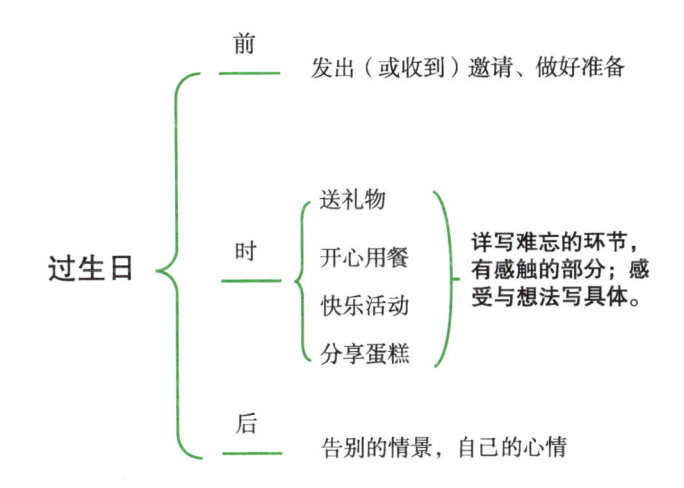

```
           前 ── 发出（或收到）邀请、做好准备

               ┌ 送礼物
               │ 开心用餐      详写难忘的环节，
过生日    时 ─┤              有感触的部分；感
               │ 快乐活动      受与想法写具体。
               └ 分享蛋糕

           后 ── 告别的情景，自己的心情
```

五、佳作引路

难忘的生日会

福州市钱塘小学三年级　陈玥希

一天早晨，我在洗漱时，听见妈妈说："快点！今天，你同学请你去餐厅吃饭。她过生日，我们给她买什么礼物呢？""啊？"我不敢相信我的耳朵，差点把牙膏水吞下去。

我快快洗漱完，和妈妈去买礼物。我们精心挑选了一盒水彩笔和一本密码本，就带着妹妹一起去餐厅了。好朋友站在餐厅门口欢

97

迎我们。我立马大方地拿出密码本和水彩笔送给她。她高兴极了,拉着我们去座位上坐。

四个小孩都到齐了,可是饭菜还没上来。我们觉得无聊,便拿起大家送给小寿星的礼物**做游戏**。游戏名字叫"丑八怪吃小兔",我们把长着角的丑八怪画出来,又把小兔画出来。我拿着丑八怪的画像,模仿着鬼叫声接近小兔。小兔刚要被吃,就听见小伙伴周云希喊:"菜来了!快来吃啊!菜比小兔更好吃!"我们饶了小兔一命,放开肚皮大吃了一顿。

吃完正餐后,开始**做披萨**。我们抓了一大把服务员准备好的各种配料,往面饼上撒。披萨烤好后,我们一吃,呀,太咸了!不过,就像"金窝银窝不如自家的狗窝"说的那样,自己做的东西才最好吃!我们还是把披萨吃得一干二净。

最后,我们开始唱生日歌,**吃蛋糕**。我们吃得太欢了,把奶油都沾到脸上了,个个像小花猫。大人们说:"各位小馋猫们,照张相吧!西瓜甜不甜?""不甜——哈哈!"我们嘴上说不甜,心里甜得不能再甜了!

难忘的生日

国科大福建学院附属小学三年级　吴林翊

最近,我非常高兴,因为过几天就是我的生日。妈妈已经为我**邀请**了好朋友张铭泽。

盼了几天,我的生日就到了。这天,我特别期待晚上的到来。

时间过得飞快，转眼到了晚上，张铭泽兴致勃勃地来了。由于晚饭吃得比较早，我们都有点饿了，就准备吃蛋糕。

唱生日歌时，有一阵风吹过，吹灭了点燃的蜡烛。我一看，发现这阵风是弟弟吹的，顿时火冒三丈。要不是张铭泽在家里，我就会狠狠地骂："这不是你的生日，是我的！谁叫你吹灭蜡烛的？"没办法，我们只好再点燃蜡烛重唱了一次。还好，这次没有风，很顺利。哇，这个蛋糕上有一只球鞋和一个皮球的造型。妈妈答应我，吃完蛋糕就送给我这两样礼物，我好开心呀！

妈妈把蛋糕切好了，我站起来拿蛋糕。再坐下的时候，我感觉屁股凉飕飕的。我一看，原来是一个漂亮的笔盒，这应该是张铭泽为我准备的"秘密礼物"吧！我没有暴露他的秘密。**吃完蛋糕**，我们就开始**玩"打仗"**。"杀呀，杀呀！"我们呐喊着，奔跑着……玩得可疯了。

时间过得飞快，转眼张铭泽就要回家了。我恋恋不舍地送走了他！

习得方法

感受引领，筛选材料——事件或活动中，好的、值得写的内容，往往是触动了我们，让我们有较深刻感受的部分。

第 16 课　感受与思路梳理
考后发卷

一、话题激趣

有人说："考考考，老师的法宝；分分分，学生的命根。"这句话，我们未必完全认同。但作为学生，考试和分数的确常常左右着我们的心情。

找来伙伴，相互分享"考后发卷"的特别感受吧！

二、锁定素材

1. "考后发卷"心情大盘点——全方位搜集素材。

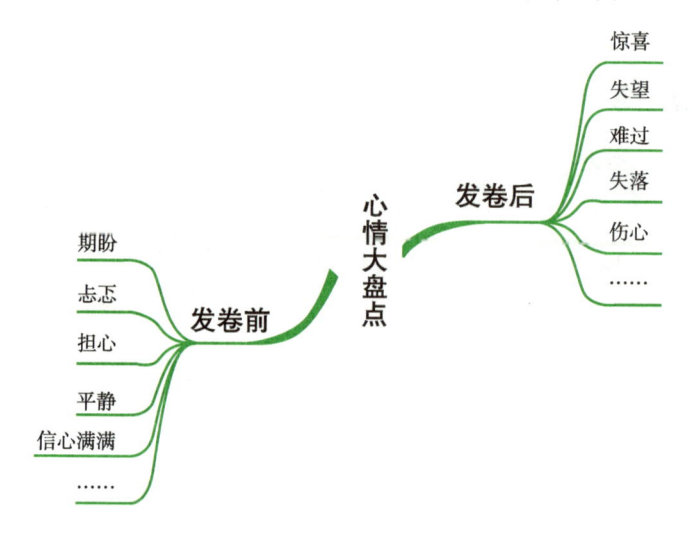

心情大盘点

发卷前：期盼、忐忑、担心、平静、信心满满……

发卷后：惊喜、失望、难过、失落、伤心……

2. 突出重点。

哪一次考后发卷让你心潮起伏呢？那是哪个科目的哪一次考试呢？

科目：_____　　考试名称：_____

写下心情变化：_____

3. 回想、再现考后发卷的一幕幕。

（1）发卷前。

老师带试卷进班的情形是怎样的？同学们见状，表现如何？你是怎么做的，心情和想法怎样？哪个同学的表现最为特别？

例

"铃……"上课了，同学们知道今天发卷，所以异常紧张。

王志铭一遍又一遍地跑到走廊上侦查，看看老师来了没有。班上很吵，大家都在议论考卷。但有几个人和我一样，不约而同地盯着志铭。突然，志铭像一道闪电一样，冲上了讲台，喊了一声："老师来啦！"说着，他便飞快地冲到座位上。顿时，大家不作声了，我也安静地坐着。

不一会儿，赵老师走了进来。她边走边有些恼怒地说："这单元考得比第一单元还差！"只见她一把把包扔到讲台上，抓出考卷，拍到第三组第一桌上，生气地喊："发掉！"见此情形，我心中愈发不安起来。看看同桌，也是满脸的紧张。坐在座位上，我索性闭上眼睛，两手合拢，默默地祈祷自己能考好。

我来试一试

_____

_____

_____

（2）发卷后。

你是怎样查看试卷分数的？其间，出现了哪些不安的想法？知晓分数后，你心情怎样，是怎么做的？同学们的表现怎么样？哪个同学的表现引起了你的注意？

例

我飞快地跑到座位，把书包往桌上一扔，就开始祈祷："一定要上95，一定要上95……"祈祷完，我一把抓起考卷，闭着眼睛。此时，我听得见自己的心脏"扑通扑通"地快速跳动。

"先看最后一版吧！"我自言自语道。"唔，这道题怎么能错？这解决问题被扣了三分。"我惊讶地说。再看看第二版，一堆红勾勾。"我非常满意。"就剩第一版了，上天保佑啊！只有97分了。噢，我有97分？唉，还有第一版没看呢！如果有错那就空欢喜了。我迅速地把试卷翻到第一面。"噢耶！太棒了！我太聪明了！"偷偷告诉你们，我考了97分。这可是我这学期考的最高分啊！

我偷偷看了一下同桌的，他才82分。我惊讶极了，但不敢说话。因为我看到他是哭丧着脸的。我兴奋地向其他同学望去：有的同学一副不高兴的样子，有的脸上笑开了花，还有的呆若木鸡，看不出是高兴还是不高兴……

> 我来试一试

_____

_____

_____

（3）考后的连锁反应。

你是怎样向家长汇报成绩的？家人的反馈如何？你的心情怎样，有何想法？

> 例

放学了，我一边哼着歌曲，一边背着书包走回家。一路上，我都在想象妈妈看到考卷时的表情。回到家，我一边告诉妈妈分数，一边拿出卷子给她看。妈妈一边摸着我的头，一边说："宝贝，考得很好啊！下次继续努力哦！"当时，我心里比吃了蜜还甜……

> 我来试一试

_____

_____

_____

三、话题延伸

1. 关于"考试"，你有什么看法？

2. 采访家人朋友，了解他们是怎样看待考试的。

3. 思考：怎样才能考出好成绩呢？

四、借助思维导图写作文

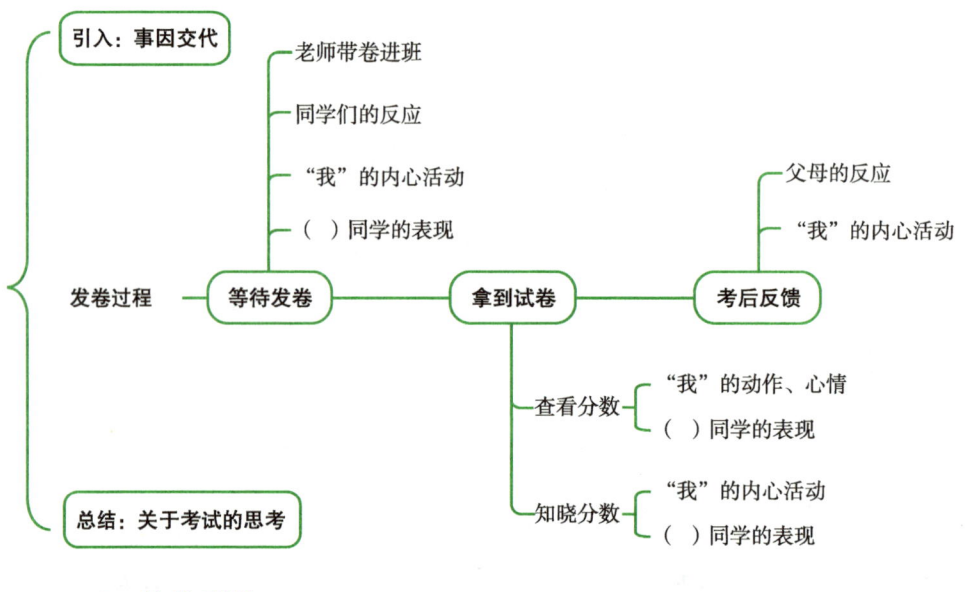

```
引入：事因交代
               ┌─ 老师带卷进班
               ├─ 同学们的反应
               ├─ "我"的内心活动
               └─ （ ）同学的表现                    ┌─ 父母的反应
                                                    ├─ "我"的内心活动
发卷过程 ── 等待发卷 ── 拿到试卷 ── 考后反馈
                                    │
                                    ├─ 查看分数 ─┬─ "我"的动作、心情
                                    │            └─ （ ）同学的表现
                                    │
                                    └─ 知晓分数 ─┬─ "我"的内心活动
                                                 └─ （ ）同学的表现

总结：关于考试的思考
```

五、佳作引路

考后发卷

福州市钱塘小学四年级　　陈芷琪

半期考是每个学生必须经历的。这次的半期考马上就要发卷了，我心里忐忑不安，十分紧张。

"叮铃铃"，上课铃响了。"嗒、嗒、嗒……"高跟鞋有序地敲击着地面，陈老师走进来了。她的脸上，看不出一丝喜悦，也看不出一丝愤怒和失望。出乎意料的，她满脸平静。

"这次，我们班的同学考得还好，在中上水平。现在请大家记一下分数段，"陈老师说，"90—99，1人。"这几个字深深地刺痛了我的心。我们已经知道朱海熙考了95，所以我是无缘90以上了！我有点失落。

同学们一句话也不敢说，生怕自己说错一个字，迎来的就是一顿批评。卷子发下来了，看着那鲜红的几个大字——89.5，我心里默默流泪。这几个大字，像几把利刃刺伤了我的心。"89.5"也像鲜红的血，流在我的心上。再看看我同桌，他"哗"地扔掉了卷子，满脸的失望。一看这表情，我就知道，他那"2000的机甲"又像肥皂泡一样破灭了。

我四处打听周围人的分数。有78的，有64的，有85的。当然，也有50多分的。我忽然觉得，自己还考得挺好的。

老师宣布了班级平均分是"79.55"。呵，够差的，80都没上。老师慢慢地来了一句："你们看看其他班，平均分都比我们好！"看到老师痛心疾首的样子，我的心一抽一抽的。

终于熬到了放学。回到家，我终于安了心，因为妈妈没有批评我。呼——

让人无奈的考试卷

福州市钱塘小学四年级　魏靖芸

洁白的试卷静静地躺在桌上。考试结果已经出来了，我紧张地闭上眼睛，拿起试卷。我先用手掌遮住了分数，再缓缓地睁开眼。我不敢看分数，索性锁定题目，开始自我欣赏："啊！多么漂亮的字迹！多么完美的答案！啊，我实在太有才了……"直到我自己都感到过分了才停下。我做好心理准备，深呼吸，让心情平复。我缓缓移开遮住分数的手，卷子上赫然写着"100"，极为显眼。我无法移开视线，愣了一下，大声叫道："万万没有想到啊！我居然100分！"

我的同桌似乎考得不太好。她大概是不敢看分数。试卷一发到，她就将它放进抽屉。那试卷似乎散发着耀眼的光芒，神圣不可侵犯。过了一小会儿，她才偷偷地看了一眼试卷，脸上满是懊恼！我知道，她又考得不太理想。再看看其他同学，成绩有好有坏：有的无比懊恼；有的十分喜悦，眼睛一闪一闪的；还有的波澜不惊。哈哈，我回家可要被表扬了，是不是要可怜可怜考得不好的人呢？我不禁得意洋洋起来。

"魏靖芸同学，请把试卷拿上来。"我昂首阔步地走上讲台，把试卷交给老师。老师用我的试卷开始讲评，我的心晴空万里。可讲到最后一题时，老师却在一旁打了个大叉叉："这题改错了，扣一分。可惜了！"老师惋惜地把卷子还给我。这犹如晴天霹雳，我不禁在心中哀叹："天哪！怎么会这样？"

不知不觉，放学了。中午的太阳火辣辣的，难道它也在嘲笑我吗？我抱着99分的试卷，欲哭无泪，看到妈妈也是垂头丧气的。回家后，妈妈看了我的试卷，居然奇迹般地没有批评我！感谢上苍，给了妈妈一颗菩萨心！

考试啊考试，请你赶快从地球上消失吧！谁让你给我们那么多的不快乐呢！

习得方法

感受引领,梳理思路——事态的变化,导致心情的起伏。回顾心情的起伏变化,还原事件的进程,即完成了思路的梳理。

第17课　感受与详略
雨中行

一、话题激趣

下雨，再正常不过的自然现象。然而，一场突如其来的雨，可能会带给我们不小的困扰。你有过冒雨前行的经历吗？还记得那次的特别体验吗？

二、锁定素材

那一场突如其来的雨，让你有了怎样的感受？

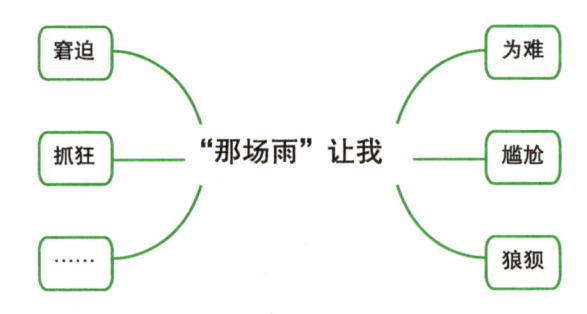

```
    窘迫              为难
          "那场雨"让我
    抓狂              尴尬
    ……              狼狈
```

三、梳理思路

1. 什么时候，你察觉到要下雨了？你有了什么样的顾虑（或想法）呢？

2. 这场雨给你带来哪些困扰？你是怎样一一化解的？（突出重点）

困扰	想法	采取的措施	结果
例 我该怎样到课外班上课呢？	街边不是有很多人撑伞吗？我一会儿到这里躲一躲，一会儿到那儿凑一凑，不就可以少淋雨了吗？	我一头冲出去，在黄色的雨伞下躲一躲，又到黑色的伞下凑一凑……就这样跳来跳去，我终于跳到了一个屋檐下。	刚想休息一下，不料"嘀嗒"一声，我的脖子一阵冰凉。

3. 最终的结果如何？你有什么样的想法呢？

_____

_____

四、话题延伸

1. 意外来临之时，我们要以怎样的心态面对呢？

2. 你能在意料之外的体验中，找到一点不一样的乐趣吗？

五、借助思维导图写作文

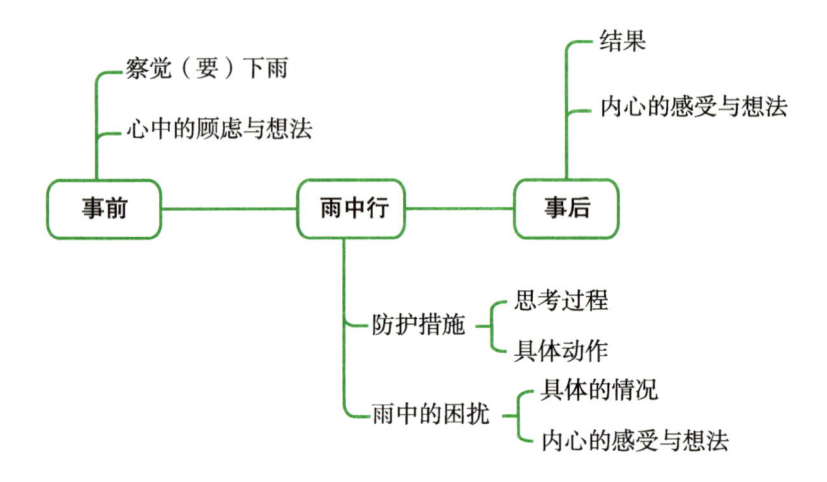

```
          察觉（要）下雨                              结果
          心中的顾虑与想法                          内心的感受与想法
              │                                        │
           [事前] ───── [雨中行] ───── [事后]
                          │
                       防护措施 ── 思考过程
                                  具体动作
                       雨中的困扰 ── 具体的情况
                                    内心的感受与想法
```

六、佳作引路

一场可恨的雨

福州市钱塘小学三年级　陈芷琪

一场可恨的雨！没错，可恨的——雨！

因为这一场雨，<u>我变成了路上最耀眼的一只"小虾米"</u>。我弓着背，缩着头，竭力缩小身体的体积。走了一会儿，我觉得还好，就恢复了正常的状态——挺起了腰，抬起了头。然而，倒霉的我就在这一刻，被一个巨大的"水弹"砸中。<u>随着"嘭"的一声，一只"落汤鸡"就此诞生</u>。我吓得后退了一步，一脸惊诧。一旁的同学说我活像只呆头鹅。而我想了半天，才明白：原来是遮雨棚上面的积水"哗"地流下来，我"中彩"了。哎呀，真是倒霉！

这还不算，走着走着，我发现身上的羽绒服湿透了，就低下头

110

挤衣襟上的水。没想到，这一低头，我就"咚"的一声撞墙了。终于，队伍解散了！身为路队长的连清扬可能不知道队伍有多乱。毫不夸张地说，因为雨，我们的路队实在是一点队形都没有了。

经过一路"奋战"，我现在已经对水"免疫"了。我一低头，发现膝盖以下全湿了。我一走路，鞋就"哗啦啦"地出水。这不，我蹚水蹚了一路。

终于到课外班了，一到屋檐下，我就把雨衣扔到楼梯的扶手上晾。此时，我要开始控诉这一场雨了！老天爷，为什么要下这一场雨，为什么要把我变成落汤鸡？这真是可恼、可气、可恨的一场雨呀！

雨中窘境

福州市钱塘小学三年级　李明哲

今天，突然下了一场雨。这场雨可给我带来了不小的麻烦。

下午上学时，我看到许许多多的人穿着雨衣或撑着雨伞。撑雨伞？难道之前下雨了吗？我边想边走。"啊啊！"有几个女生突然看着我，尖叫起来。我本能地低下头，原来我脚踩的竟是一个大大的水坑。我不由得想：中午下了这么大的雨，下午放学应该会下倾盆大雨吧！那可就麻烦了！

下午放学，我走到大门口。"啪啪啪"几滴小水珠落到了我的头上。被淋到的头发瞬间耷拉下来。这告诉我，我之前的预计是对的——外面已经下倾盆大雨了。我愣了一下，就脱下羽绒服。我背好书包，用羽绒服的帽子护住头，用背部挡住书包，两手抓着袖子，便一头冲进雨中。冲出去的一瞬间，寒冷蔓延到我的全身。我只想快一点从这个鬼地方到一个小房间里，多小的房间都可以。这么想着，我就跑到了我家小区的门卫那儿。我拿了妈妈准备的食物，再次往外走。刚一抬头，呀，雨滴在我身上了。我赶紧低下头，往前走了几步。呀，鞋进水了。我低头一看：呀，我踩到下水道溢出来的水了，真恶心！

就这样，我艰难跋涉，才到了课外班。虽然只是短短的路程，但我的羽绒服都湿透了！是的，湿透了！这场雨真是让人烦呀！

习得方法

关注感受，确定重点——心情起伏的链条中，情绪波动大的点，自然是文章的重点。引发情绪波动的内容，是文章的重点内容。

第18课　感受写真切
难熬时刻

一、话题激趣

每个人都有身不由己的时刻。有时候，我们会迫不得已做一些自己不喜欢的事情，也会无奈地待在不舒服的处境中。那个时刻，我们的心里就会涌出"真难熬"的感觉。

二、锁定素材

仔细回想，你曾经很不情愿地做着什么？或者，曾不得不待在极不舒服的环境中？比如，等待、开会、挨批……你还记得那"难熬"的滋味儿吗？

记忆中，最难熬的时刻，是你在_____

三、梳理思路

1. 起因：什么时候，什么原因，你在哪里，做什么呢？那一刻，你的心情如何，有什么想法呢？

例

那是个讨厌的星期一，全校师生都得去开晨会。我不情不愿地告别了阴凉的教室。我真希望外面下起倾盆大雨，这样我们不仅可以不去晨会，还可以在班上自习。可是，外面阳光明媚，好像全世界都在逼我们下去参加晨会。没办法，我只好郁闷地下去集合。

我来试一试

_____

_____

_____

2. 经过：事情是如何进展的？难熬的感觉是如何一级级递增的？

细化难熬时刻				
	事情的进展	越演越烈的感受和想法	试图逃离的做法
熬			
难熬			
真难熬			
太难熬了			

例

我在队伍的最后，**心里直犯嘀咕**：真是的，这么热的夏天还让我们去开晨会！还好，我们现在还在走道上，不然都得烤成地瓜干！

想着想着，我们已经上了**二楼平台**。我快速地扫了一眼，平台上已经有一部分同学了。他们的神情千奇百怪：有的欲哭无泪，有的哭笑不得，有的非常烦躁，但更多的却是一副"我被烤熟了"的样子，**看得我心生后怕**。

上了平台，到了位置上，我已经小声地唱起了一首《凉凉》。我们要站将近一个小时，但现在才站了一两分钟，**我的头上就已经冒出了缕缕青烟，真是"度秒如年"**。

"今天我演讲的题目是……"台上响起了大队委机器人一样的声音。听着长长的发言，**我感觉头上简直要长蘑菇了。不过，它们可能一长出来就要被烤熟了**。

"有请——二年级三班表演《垃圾歌》！"只见一群小孩摇摇晃晃地走上了台。"找呀找呀找垃圾，找到一个好垃圾……"这表演幼稚又无聊，而此时，**我头上已经可以煮一盘"炒蘑菇"了**……

3. 结果：什么情况下，你才得以逃离难熬时刻？在那个瞬间，你的想法是什么？

_____

_____

4. 延伸：难熬时刻结束了，你的感觉如何？心中涌出了哪些想法？后来，你是否为了调整心情而做了努力呢？

_____

_____

_____

四、话题延伸

难熬时刻不可避免时，我们要怎么做才可以缓解难熬的感觉呢？与他人讨论，看看能不能找到好办法吧！

五、借助思维导图写作文

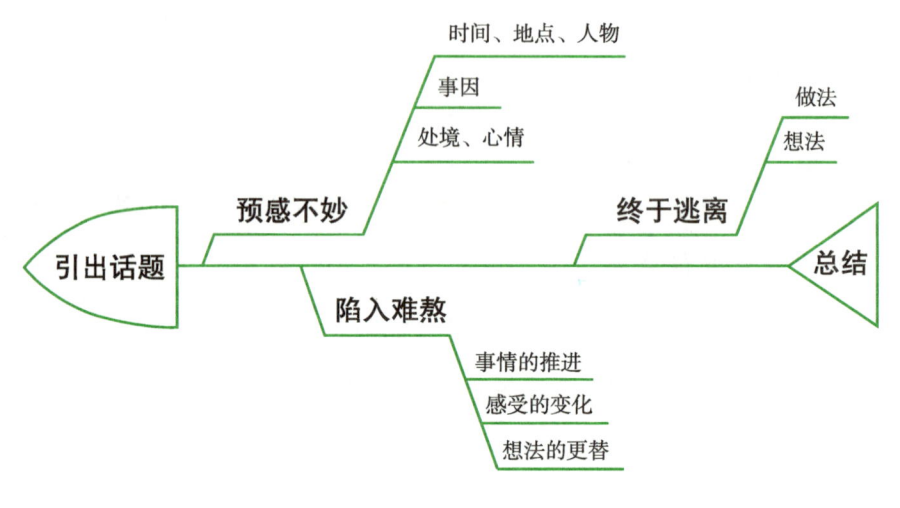

```
引出话题 ── 预感不妙 ┬─ 时间、地点、人物
                    ├─ 事因
                    └─ 处境、心情
         ── 陷入难熬 ┬─ 事情的推进
                    ├─ 感受的变化
                    └─ 想法的更替
         ── 终于逃离 ┬─ 做法
                    └─ 想法
         ── 总结
```

六、佳作引路

难 熬 时 刻

福州市湖滨小学六年级　陈佳晟

那天，老家忽然下起雨来。一分钟后，地面就有一厘米深的积水。我们立刻感到不妙——水很快会淹到房子里的，还是先走为妙！

我们这一带的人，一般都是将混凝土筑成离地面一米高的平台，然后在上面建房子，以免"水漫金山"。其中，邻居陈大伟家的防水性能最好。他家的整个房子有六层，又筑在高地，所以一旦发了洪水，大家都往那躲。

也不知为什么会发洪水。据说，离我们几十里的水库爆了，再加上一场强降雨，洪水就牢牢困住了我们。大家挤在一起，忧心忡忡地看着越涨越高的水，也不知道可以干些什么。

"好无聊哟！"我抱怨道。大家现在都很无聊。我们这些小朋友只能蹲着数蚂蚁。待久了，许多人都开始打哈欠。我望着窗口，焦急地等待着雨能停下。呀，天晴了！多么好的天气呀……正当要冲出去时，我却看见鸽子蛋大小的雨点继续砸下来。我太盼望天晴了，竟产生了幻觉！

"虽然我什么也不信奉，但我保证，要是老天现在立马变晴的话，我情愿读十遍《圣经》！"等急了的我，不由得胡扯起来。但我知道这是不可能的。"说不定有几条黑鱼从河里被冲上来了呢？"我盯着浑黄不清的水，自我安慰着，打发着无聊的时光……

"Yes！洪水退了！"已经等了五个多小时的我，欢呼起来。我回家一看，电器都没损坏，太棒了！躲过劫难不容易，我们呼了一口气。我知道——无所事事的煎熬时光结束了，我可以大展身手，干想干的事情了！

被困住的时光真难熬

福州教育学院附属第三小学六年级　张雨竹

"哎呀！你踩到我的脚了！""哦？"对话中流露出些许的恼怒和几丝无奈。因为被困在家里久了，我们的情绪都不太好！

那是三年级的一天，我正在老家和弟弟一起玩。爷爷正在看报纸，奶奶正在看电视。过了一会儿，奶奶说："小雨，和弟弟一起看电视吧！奶奶下去扔垃圾哦！"说着，她就穿上鞋，拿着两个垃圾袋，往楼下走。我跑了过去，把两个垃圾袋拿了过来，说："我来拿吧！我的速度快！"说着，我就拿着垃圾袋跑到了楼下。

扔了垃圾，我看了一下垃圾箱边上的河，发现水涨了起来。我赶紧跑回家对奶奶说："奶奶，奶奶，河水涨起来了。"奶奶到阳台上一看："河水真的涨起来喽！"我担心地说："奶奶，会不会发洪水呀？"奶奶摇了摇头："应该不会！"

时间一分一秒地过去了，我正要去给阳台上的小花浇水，却发现水涨到路面上了！我忙跑去问爷爷奶奶："有没有准备好清水和食物。"奶奶说："早就准备好了！"那时已经是夜里八点了。突然，"咔"的一声，停电了，紧接着水也停了。我忙问爷爷："爷爷，爷爷，蜡烛在哪里？"爷爷没有回答，起身去取了。

过了一会儿，爷爷拿着一根正在发光的蜡烛走了出来。又过了一会儿，"咕噜咕噜"，我肚子饿了。看来，我们只能围着烛光吃冷饭了。此时，我们不能看电视，不可以玩平板，只能干待着，好无聊呀！这样的时光真是太难熬了！唉，洪水什么时候才退呢？我发了好一会儿呆，就睡着了！

不知什么时候，我和弟弟被爷爷叫了起来。我迷迷糊糊地问："几点了？""凌晨1点37分。妈妈和爸爸来接我们去天一温泉酒店。"爷爷说。我和弟弟马上醒了，和爷爷奶奶一起走到了车上。

这次经历，给我的感觉就是：被困住的时光真难熬！无聊，无聊，好无聊呀！

习得方法

细写感受,突出重点——细化强烈的情感体验,记录内心真切的感受和具体的想法;内容真切翔实,具有感染他人的效果。

第四单元　引人入胜

单元目标

观察生动的细节,写出画面感;捕捉细腻的感受,写出真情实感。

1. 情景再现——让读者身临其境。

生动的情景再现,源于逼真的细节描写。

细节的捕捉得益于细致的观察,细节的呈现在于准确的描述。

人物的特点在表情、动作、语言的描写中呈现;景物的优美在静态与动态的描写中呈现;活动的精彩在氛围与场面的描写中呈现。

2. 真情实感——让读者感同身受。

真情实感,源自真切的感受。

真切的感受在丰富的想法中得到印证和强化。

珍视感受,捕捉转瞬即逝的想法,富有感情地讲述,让读者感同身受。

第 19 课　鲜活的人物
告状轶事

一、话题激趣

小朋友日常"告状"的现象并不少见。在班级，个别爱告状的小朋友还会被同学们封为"告状大王"或"管家婆"呢！有时候，你不小心做错事儿，也可能会引来他人告状。嘿嘿，你是不是也有告他人一状的经历呢？

二、锁定素材

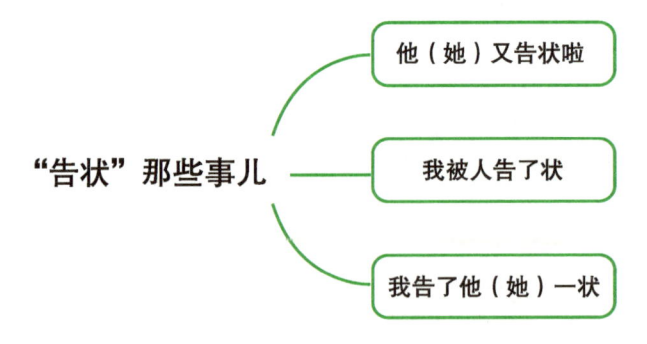

```
                    ┌─ 他（她）又告状啦
"告状"那些事儿 ─────┼─ 我被人告了状
                    └─ 我告了他（她）一状
```

哪几起告状事件是你历历在目的？其中，哪一起曾让你提心吊胆呢？

三、梳理思路

1. 告状前奏。

什么时候，你在哪里，正在干什么？突然，发生了什么事儿？你有何想法？

例

一天上午，我们上完第二节课，就都跑到教室外去玩。突然，我看见班上的"纸老虎"——李锐不小心撞了一名三年级的女生。那位女生"嘭"地一下，倒在地上了，一副想哭的样子。可他没有过去扶那位女生，甚至连"对不起"的"对"都没说，就溜了。我想：这个女生肯定会去告状了。

我来试一试

_____

_____

_____

2. 告状（或被告后）的情景。

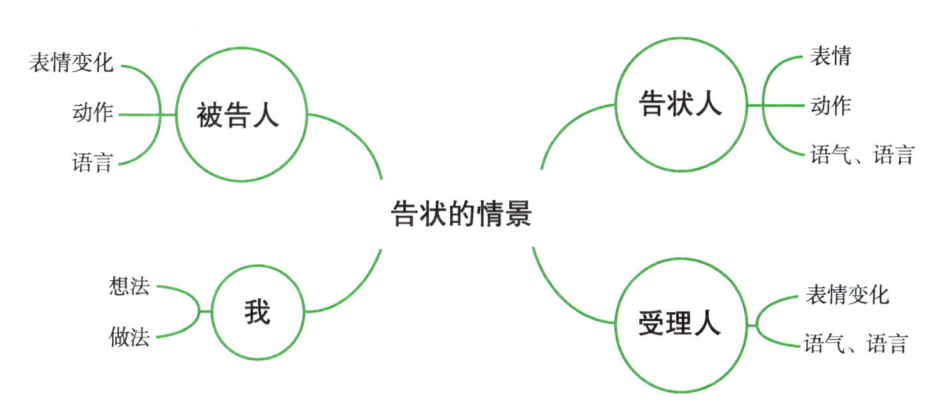

```
表情变化 ─┐                            ┌─ 表情
动作 ────┤ 被告人 ○          ○ 告状人 ├─ 动作
语言 ────┘                            └─ 语气、语言

              告状的情景

想法 ────┐                            ┌─ 表情变化
做法 ────┤ 我 ○              ○ 受理人 ├─ 语气、语言
```

仔细回忆，细致描写。

例

老师先是把鼻梁上的眼镜推了推，接着生气地把两只手往腰上一叉，就大声叫："张一杰，站起来！"我战战兢兢地想：不好！我要倒霉了！老师大吼一声："张一杰，你居然敢在自习课上玩飞碟，真是胆大包天！"顿时，我心惊胆战，冷汗顺着脸颊流下来。我想：完了，彻彻底底完了！"你，今天你把这篇《漏》抄一百遍！"班长一个劲地朝我嘿嘿直笑。我想：他不怀好意，大概就是他向老师告发我的。而我的好朋友杨连方向我投来了同情的眼神，好像在说："可怜的一杰啊！我好担心你啊……"

我来试一试

_____
_____
_____

3. 告状的结果：最终的结果如何？说说你内心的感觉和想法吧！

_____
_____

四、话题延伸

1. 思考：告状是解决问题的好方式吗？

2. 找伙伴讨论：告状的利与弊分别是什么？怎样的问题适合通过告状解决？

五、借助思维导图写作文

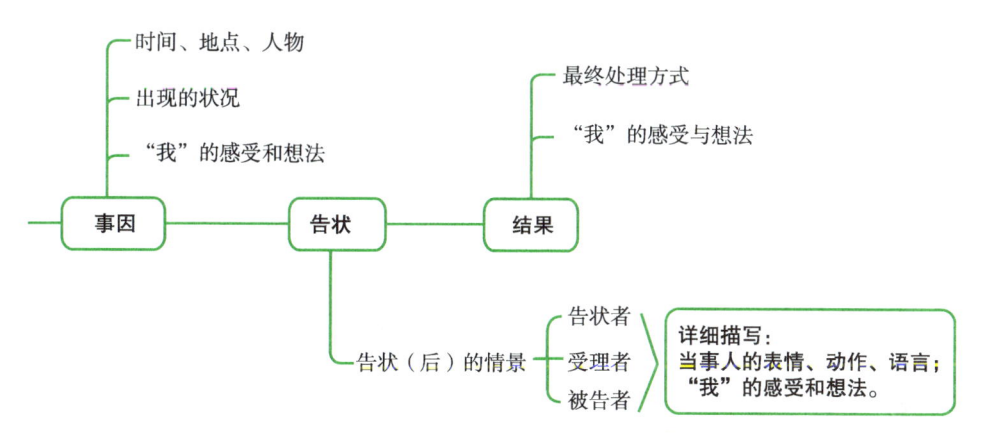

```
           ┌─ 时间、地点、人物                    ┌─ 最终处理方式
           ├─ 出现的状况                         ├─ "我"的感受与想法
           └─ "我"的感受和想法                    
     ┌──────┐            ┌──────┐            ┌──────┐
     │ 事因 │────────────│ 告状 │────────────│ 结果 │
     └──────┘            └──────┘            └──────┘
                            │
                            │              ┌─ 告状者
                            └─ 告状（后）的情景 ─┤ 受理者      详细描写：
                                           └─ 被告者      当事人的表情、动作、语言；
                                                         "我"的感受和想法。
```

六、佳作引路

她又告状了

福州市湖滨小学三年级　傅新玥

星期三上午，我们正在认真地上语文课。

突然，我的前桌——"告状大王"一扭头，立刻露出了发现新大陆般的高兴表情。噢，她发现我的同桌正在看漫画书。没想到，她立马"噌"地把手举得高高的，还露出了一丝坏笑。我看着她，立刻有一种不好的预感。天哪！她又要告状了。我可怜的同桌呀，你可别再偷看了！

很快，老师发现了那只"害人"的手，把她叫了起来。老师话音未落，她就"腾"地一下站起来。接着，她用响亮的声音说道："吴老师，我的后座时梓元在看漫画书！""什么？"老师严厉的目光扫过我的同桌，脸立刻沉了下来："时梓元！"同桌听到自己的名字，

127

把埋在书里的头抬了起来。他一脸茫然地看着老师，好像在说："老师，你叫我干啥？""那本漫画书没收了！我现在就找家长！还有，把第二十五课抄写五遍。这个月的卫生你包了！"真惨哪！我同情地看了看同桌。他绝望的表情布满了整张脸，真可怜哪！

事实上，我认为告状并不是解决问题的好方法。同学犯错，我们可以试着好好劝导，让他明白为什么不能那样做。实在解决不了问题，再告状也不迟呀！

惨遭告状

福州市钱塘小学三年级　郑隽哲

一天下午，我们正在上自习课。不知从哪儿飞来了一个小纸团，掉在了我的脚下。爱管闲事的"告状王"见状，"哧溜"一声，举起了那只可怕的、骇人的手。

管班的老师目光一扫，马上就把目光聚焦在那只高举的手上，并让他起来说。"老师，郑隽哲把废纸扔在地上。"响亮、刺耳的声音响起。"我没有！"火冒三丈的我大吼了一声。顿时，老师的脸上阴云密布，立即拿起电话打给我们的班主任。我暗暗嘀咕：我怎么这么倒霉呀！完了，这下要完了！

很快，班主任黑着脸来了。此时此刻，我悬着心，低着头，屏住呼吸，时刻准备"迎接"人生中最黑暗的时刻。"郑隽哲，给我站起来！"老师厉声喝道。我不情不愿，慢吞吞地站了起来。"知道自己错在哪吗？"老师严厉地说。"老师，我冤枉……"我急得脸都红了。"我不管！我给你布置一下任务。"老师**十分恼怒**。天哪，不会又是一大堆周末作业吧？我不安地想。"你写一篇三百字的反思，外加抄写第十九课。"呜，好惨呀！听完老师的话，我真是欲哭无泪！

事实上，每个同学都讨厌被告状。可是，有些同学又总喜欢告别人的状。到底是为什么呢？这可真是让人费解呀！

习得方法

人物写鲜活——内在的感觉，牵引着外在的变化。告状事件中，"危机"与"困扰"引发的紧张与烦恼，将在当事人的表情、动作、语言中淋漓尽致地展现。仔细观察并细致描写，把人物写得生动形象。

第20课　系列的想法
"一笔画"接龙

一、话题激趣

接龙的妙处，在于参与者轮番上阵，各自发挥又相互影响。那么，大家轮着上阵，分别在画纸上画上一笔，几个回合后，会画出怎样的一幅画呢？想要知道，赶紧找伙伴尝试一番吧！

二、游戏准备

1. 明确规则：触碰纸张的笔尖，离开画面即为"一笔"；事先约定，共几轮完成；一人一笔，轮着进行；作画的想法，不能交流；画作完成，取个合适的名字。

2. 材料准备：画纸、彩铅（或其他画笔）。

友情提醒：参与人数多，可分组比赛；参与者需仔细观察，认真思考，慎重下笔。

三、尽情游戏，留心观察

四、观察记录

1. 找到切入点，筛选素材。

（1）游戏中，最真切的内容一定是自己参与的部分。回顾你的每一次下笔，从中选择：详写第_____、_____、_____次下笔。

（2）游戏中，谁的表现给你留下深刻印象？回顾他（她）们的一系列表现，从中确定：想要写的伙伴是_____、_____。

2. 突出重点，写出细节。

（1）自己画——重在自己下笔前、下笔时、下笔后的想法。

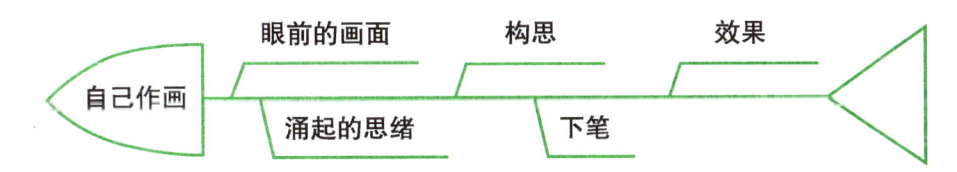

```
        眼前的画面    构思      效果
自己作画
        涌起的思绪    下笔
```

例

拿到画，我看到的是一个球加上一片巨大的花瓣。顿时，我一头雾水：这是什么东东？前面的同学想画什么？想了好一会儿，我忽然有了灵感了！我把这幅画横过来，用一笔在球上画了眼睛。画完后，我暗想：哈哈，我真是在画龙点睛啊！我把手中的画传给了下一个同学。没想到，他没看出我是准备画鸟的，居然一脸严肃地画了一张脸。这……快把我气晕了！

我来试一试

_____
_____
_____
_____

(2) 伙伴画——重在伙伴的表情、动作、语言的变化。

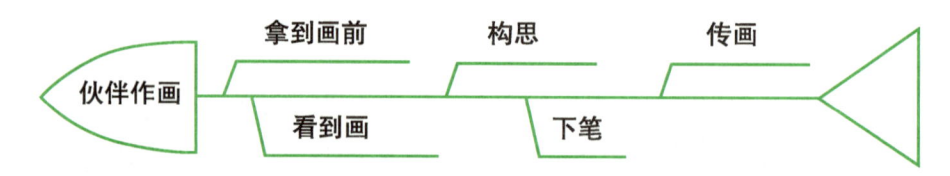

```
伙伴作画 ── 拿到画前 ── 构思 ── 传画
         └─ 看到画 ── 下笔
```

例

我把画传给了下一个同学。她先是愣了一下，然后恍然大悟。估计她是想到要画什么了。看她胸有成竹的样子，我松了一口气。我索性站起来，看另一个队的进度。我回头一看，我们的画居然被画成了一个类似 UFO 的东西，不由得倒吸一口凉气。紧接着，我看到了下一个同学端详了一会儿画，就下笔画了一双眼睛。我猜他大概是要画人。紧接着，我居然看到张老师在画上画了个奇怪的东西，我不安地大喊："张老师，你是另一组的卧底吗？"

我来试一试

_____

_____

_____

五、话题延伸

"一笔画"接龙的作品，你感到满意吗？这个游戏让你领悟到了什么呢？

六、借助思维导图写作文

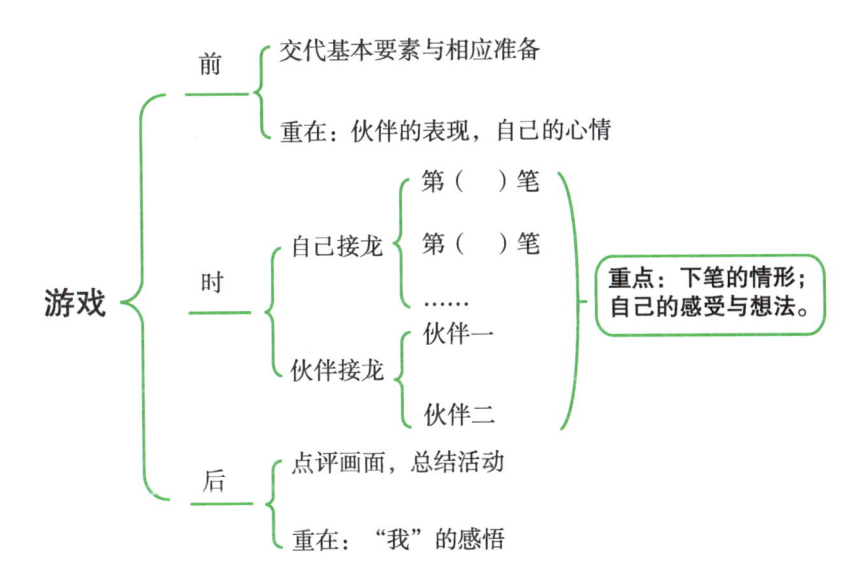

```
        ┌ 前 ┬ 交代基本要素与相应准备
        │    └ 重在：伙伴的表现，自己的心情
        │         ┌ 自己接龙 ┬ 第（ ）笔
        │         │          ├ 第（ ）笔            ┌ 重点：下笔的情形；
游戏 ──┼ 时 ─┤          └ ……                  └ 自己的感受与想法。
        │         └ 伙伴接龙 ┬ 伙伴一
        │                    └ 伙伴二
        └ 后 ┬ 点评画面，总结活动
             └ 重在："我"的感悟
```

七、佳作引路

"一笔画"接龙赛

福州市西峰小学三年级　周晗靖

今天，张老师开门见山地说："我们来玩'一笔画'接龙吧！"听到这句话，大家有的开心，有的紧张，有的满脸问号。<u>而我很忐忑：这可怎么办呢？画画不是我的强项呀！可我不想拖大家的后腿啊！</u>

只听张老师接着说："咱们分成两组PK。一组就是一个整体。大家轮着画，每个人每次画一笔，共三轮。最后看看哪一个组画的画好！"这时，我悬着的心才放下来。

比赛开始了。画很快传过来，我发现画面上有一幢房子和一个类似鱼钩的东西。我想：有了房子，就应该有草地吧！于是，我就在画上添加了一片草地。我画完之后，去看另外一组。另一组已经开始第二轮了！我心中不由得着急起来：啥时候才能第二次轮到我呢？

终于，画又传到了我的手里。我发现画面是：一幢房子，几朵花，两个太阳。我心想：算了吧！两个太阳就两个太阳。既然有了太阳，那就应该有云呀！因此，我在太阳的旁边画了一朵云。等我画完去看另一组的时候，发现他们已经画好了，并给画取好了名字——《星空下的Party》。

第三次轮到我了。为了加快速度，我没有细想，提笔画了一株小草。终于，我们队也画完了，画得挺好看的！我们商量决定，给画取名，叫《快乐的田野》。

到了评选的时候，张老师拿着两幅画，左看看，右瞧瞧。最后，她大声宣布："《快乐的田野》获胜！"我们这队，发出了一阵欢呼声！

这个活动，让我知道了一个道理：做事情不要自卑，也不要自负，要自信！这样，才能发挥出最好的水平！

"一笔画"接龙

福州市铜盘中心小学四年级　闻可盈

今天，张老师让我们玩一个叫"一笔画"接龙的游戏。刚听到这个游戏名，同学们都一头雾水。有个同学抓着脑袋，似乎在想：

这个游戏到底是怎样玩的？还有人问张老师："这是你画我猜吗？"而我想：会不会是一人写一笔，大家来写字呢？最后，张老师公布了游戏规则。没想到，竟然是大家合作画一幅画。一人画一笔，轮三次，看看会画出什么。

游戏开始了，前面的同学很快就画完了。画传到了我手上，我一看：这是什么啊？这画什么，根本看不出来嘛！不过，有一点可以确定：这是个火柴人。于是，我就来了个画龙点睛，给火柴人加上了眼睛。没想到，我只点了一边眼睛，就用完了一笔。管不了那么多了，后面的同学应该知道添上另一只眼睛吧！

这幅画再次传到我的手上，画面已经变成了这样：一个似人似猪的东西，躺在病床上，用着呼吸机。更夸张的是，它还能看着电视。这……这也太奇葩了吧！还能画些什么呢？想了半天，我给它加上了一个空调。画中的人会感谢我吧！

最后，画又传过来了。这次，我实在是不知道画些什么好了。我东看西看，目光落在了右边的一处空地上。于是，我就在空白处画了一只兔子，可忘画尾巴了。这时，该轮到张老师了。张老师也不知道画啥好。有同学说："画一个兔尾巴吧！"没想到，张老师竟然把兔尾巴画成了松鼠尾巴。张老师，你可真行！

最后，我们一致决定，给这幅画取名为《医院中的佩奇》。

今天的游戏，让我悟出了一个道理：人与人之间是需要交流的，没有交流就没有办法合作。

习得方法

系列的想法——接龙活动中，料想不到的"画面"，不太靠谱的伙伴，被限制的烦恼……都让我们心潮起伏，有话可说。捕捉内心一系列转瞬即逝的想法，那是习作中鲜活的内容。

第 21 课　互动的情景
提问"交响曲"

一、话题激趣

作为学生，随时都可能被问题"砸中"。或许，被"砸中"的滋味儿还不一样呢！欢喜、紧张、兴奋、害怕……嗯，滋味儿多多，故事多多呀！

二、锁定素材

你的记忆中，哪几次"被提问"的体验是难以忘怀，甚至是惊心动魄的？哪一次"被提问"让你增长了自信？哪一次"被提问"让你学会面对他人的目光？哪些同学"被提问"的情景，让你历历在目呢？印象深刻的请画"√"。

提问方式	提问"我"	提问"他人"
"随教随问"式		
"突击检查"式		
"深入追问"式		
"连环'点将'"式		

你最想分享的"提问"故事是：

① _____ ② _____

三、梳理思路

1. 提问的"前奏"。

老师讲到什么内容？他（她）的哪些举动表明要提问了？你是怎么想，怎么做的？

例

有一次，老师讲到了《鹿柴》的诗人王维的生平。突然，她脸色一沉，眼睛瞪着一个"倒霉蛋"，并用手按住了教鞭。我一看，心想：不好，老师要提问了。这个问题我也不会，怎么办？嗯，我要坐好，让老师以为我会，就不提问我了。想到这，我昂首挺胸，装出一副会回答的样子。

我来试一试

_____

_____

_____

2. 提问"交响曲"。

（1）老师是怎样锁定提问目标的？被锁定的同学表现如何？你是怎么想的？

（2）老师提问，同学回答的情况怎样？你有什么想法呢？

（3）后续，老师是否提问了其他同学？具体情况是怎样的？

> 第四单元　引人入胜

> 例

老师径直向我这一桌走来，问同桌："20号，这个问题怎么回答？"幸好被提问的不是我，而是同桌，但我还是倒吸了一口凉气。可同桌一脸懵的样子，压根答不上来。老师皱了皱眉头，又一连问了四个同学。可他们也都答不上来。老师说："谁能告诉他们该怎么回答？"我们班好多同学都举起手。老师让学习委员来说，学习委员流利地说出了正确答案。老师这才点了点头。

> 我来试一试

_____

_____

_____

3. 提问的"尾声"。

关于这一次提问，老师做了怎样的点评？被提问的同学是怎样的表现？你想到了什么？

> 例

老师满意地点了点头说："你们大家要像义畅学习，认真听课，懂了吗？"同学们异口同声地说："明白了。"老师比了比手势，示意我坐下。表面平静的我，心里却是喜滋滋的！

> 我来试一试

_____

_____

139

四、借助思维导图写作文

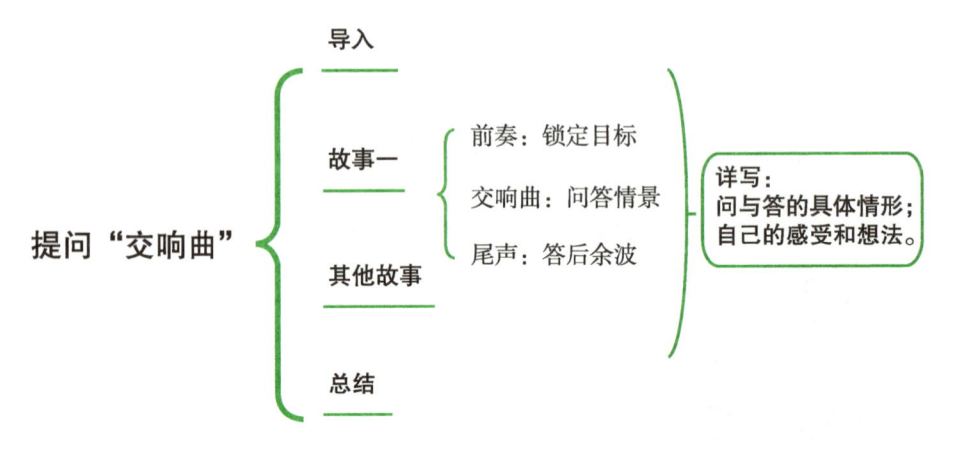

提问"交响曲"
- 导入
- 故事一
  - 前奏：锁定目标
  - 交响曲：问答情景
  - 尾声：答后余波

  详写：
  问与答的具体情形；
  自己的感受和想法。
- 其他故事
- 总结

五、佳作引路

好好听讲真重要

福州市钱塘小学四年级　姜好

如果被老师提问，你的心情是怎样的？是害怕，还是欢喜呢？

难忘的一次被提问，我是先害怕后欢喜的。那天，赵老师正在讲"移动有几种"。讲了一会儿，赵老师扫视了全班一眼，脸上露出了怪怪的"笑容"。我知道她要提问了，心想：赵老师，不管这个题目难不难，都别叫我呀！之后，老师锁定了一位同学。很不幸，那个同学就是我。我的心一直"嘭嘭嘭"地响。赵老师指着黑板上的题目，笑着问："姜好同学，你来说这是什么移动？"我慢吞吞地站了起来，说："这……这是曲线移动，也是结合移动。"赵老师笑着对我说："你的答案是对的。给第三组加两分。因为姜好说出了两个。"顿时，我们组的人都欢呼起来。那一刻，我觉得心中的喜悦直往外冒。

　　还有一次，是我的同桌被提问。可他就没那么幸运了！这天，李老师在黑板上写了一道题。停下后，李老师仔细地看着全班同学。结果，看到我同桌时，他正好在画画。我心想：这家伙一定会被李老师盯上的。正如我所料，李老师拍了一下桌子，说："8号，你上台来做这道题！"我的同桌猛地回过神，一脸紧张地站起来，慢吞吞地挪向讲台。我真想对他说一句"祝你平安"。他在台上呆愣了好久，终于动了笔。可他写完后，想了一会儿，又把写出的答案给擦了，怏怏地走下台。老师对他说："你做的是对的。可你却擦掉了。"他听完之后，一脸惊讶，感觉立刻要崩溃了。

　　这两次的提问给我提了个醒：上课要好好听讲，才不至于回答不出来，不然就是丢了分，也丢了脸。

提问"交响曲"

国科大福建学院附属小学四年级　吴林翊

　　老师提问千千万，每个学生都有被问题"砸中"的经历。要问我最难忘的是哪一回？听我慢慢道来吧！

　　那天，语文老师正在评讲试卷。她说："描写场景不是叫你们造句。不是让你把这个词语放到句中写，这个至少要写满70个字。"说着，老师停下来了，双眼就像探头一样扫视着全班。突然，她眉头一皱："最后一排，那个红衣服的男生来回答一下这个问题'请写出人声鼎沸时的场景'。"那个同学颤颤巍巍地站起来，结结巴巴地说道:"春节到了,市场上人声鼎沸。"语文老师眉头一皱,说道:"说了多少遍了?不是造句,是要写场景。"听老师这么一说,那个同学居然抖成了"筛糠"。我暗暗想:这家伙怕成这样,是在玩"抖"音吧!

不知道什么时候,老师已经走到了那个男生座位旁。老师从他抽屉里抽出了一本漫画书,并拿到了讲台上说:"上课看漫画,纪律扣十分,罚写《蟋蟀的住宅》。全文背诵加默写,要有家长签字。还有,下节计算机课不要上了,来我办公室写500字检讨。写不完也不要回家,直到写完再放学。"听了这番话,那个同学露出了崩溃的表情。我估计他心里已经狂风暴雨了!我想也是,他一直低头对着抽屉笑。抽屉哪里好笑?这不,他一下就被老师发现了。

上课还是要认真听讲,不要开小差,只要认真听,就不怕被老师提问啦!

习得方法

互动的情景——"问题"在老师的"抛"和学生的"接"之间引发互动。老师"抛"的意图,学生"接"的反应,都会带动彼此表情、动作、语言的变化。仔细观察,细致描写,让读者犹如亲眼目睹。

第 22 课　精彩的场面

流行风

一、话题激趣

集体生活中，小朋友们会不约而同地被一些事物所吸引。比如，一类卡片、一首歌曲、一种游戏……很快，这些事物便会在伙伴之间流行开来。校园生活中，你曾目睹或经历过哪些流行风呢？

二、筛选素材

你所在的集体曾流行过什么呢？试着填写一下。

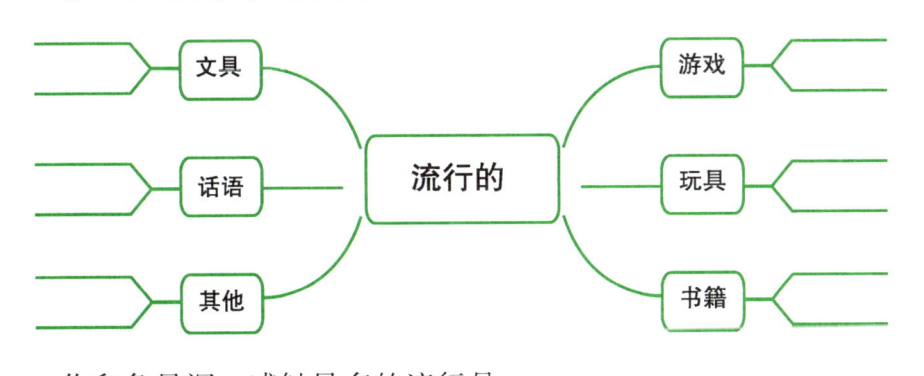

```
    文具 ─┐         ┌─ 游戏
          │         │
    话语 ─┼─ 流行的 ─┼─ 玩具
          │         │
    其他 ─┘         └─ 书籍
```

你印象最深，感触最多的流行是：_____

三、梳理思路

1. 流行原因。

这股流行风是怎么掀起的？它又是怎样流行开的？

> **例**

一天，我和好朋友在走廊上玩跑跑抓。突然，我看见两个同学坐在地上拍什么，两手都是红红的。我定睛一看，哟，他们正企图把一张漂亮的卡片翻面儿呢！我没在意，就跑开了。可过了一两天，我发现校园里玩这种翻卡牌游戏的人越来越多了。

> **我来试一试**

_____
_____
_____

2. 流行程度（点面结合的写法）。

（1）面：流行风刮得最猛的时候，波及了哪些人？让你震惊的一幕是怎样的？

> **例**

同学们斗卡可真够疯狂的。瞧，我一进教室，就能听到"咚""咚""啪"的声音此起彼伏。一张张卡牌飞向天花板，又旋转着落下来。我刚走几步，就因为踩到一张卡牌而滑了一跤。我抬头望去，哪张桌上没有卡牌？地面上也都是。我几乎是每走一步，就能踩着一张卡牌呀！

> **我来试一试**

_____
_____

（2）点：表现"最疯狂"的同学是谁？说说他（她）疯狂的表现（或典型的故事）吧！

例

要说卡牌玩得最疯狂的，要数我的同桌林小亮了。他呀，满抽屉都是卡牌。普通的卡牌放在抽屉的一侧，高高的一叠；闪卡堆在另一侧，叠得更高。他是全班拥有卡牌最多的人，共有几千张。

我正好奇他的卡牌为什么那么多时，他就进来了。他看见我，便神秘兮兮地对我说："嘿，你知道吗？厕所有非常多的卡牌！""哦！"我毫无兴趣地应了一声。"而且都是闪卡！"林小亮兴奋地说。"啊？你的卡牌不会都是在厕所里捡的吧？"我把"厕所"两个字咬得特别重。他自豪地说："嗯！""恶心！"我连忙远离那一大堆卡牌。没想到，他居然还对我说："哎，你下课帮我去女厕所捡一些呗！听说女厕所特别多！"我吓得差点晕倒。什么？为了卡牌，女厕所都不放过？

我来试一试

_____

_____

_____

_____

3. 流行结果。

这场流行还在吗？目前情况怎么样？

例

最后，老师发现卡牌严重影响了大家的学习，开始下"封杀令"。可是，总有些同学不听教导，索性躲进厕所去玩了。

我来试一试

_____
_____
_____

四、话题延伸

1. 在这次的流行中，你扮演了什么样的角色？
2. 你是怎么看待流行的？说一说它的利与弊吧！

五、借助思维导图写作文

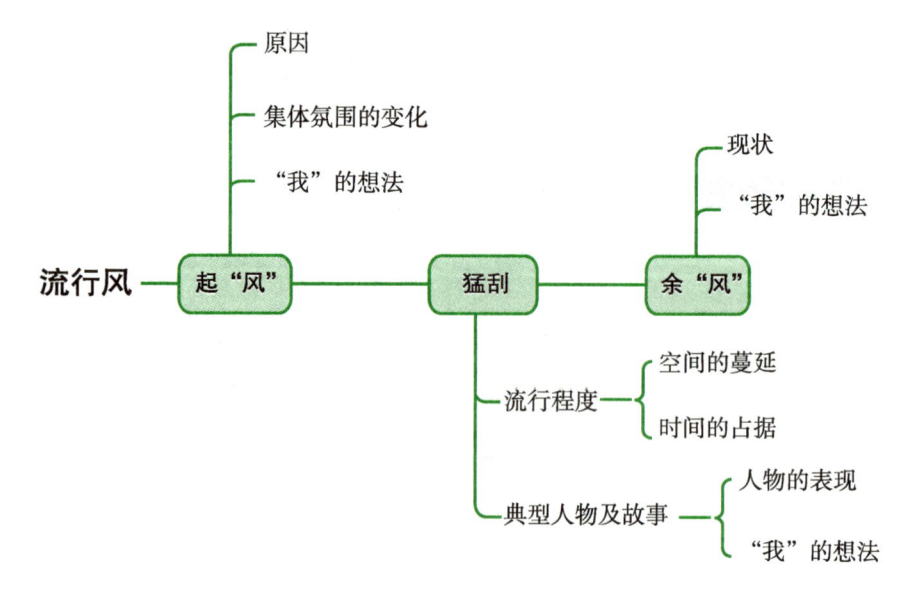

流行风
- 起"风"
  - 原因
  - 集体氛围的变化
  - "我"的想法
- 猛刮
  - 流行程度
    - 空间的蔓延
    - 时间的占据
  - 典型人物及故事
    - 人物的表现
    - "我"的想法
- 余"风"
  - 现状
  - "我"的想法

六、佳作引路

《斗罗大陆》流行风

福州市鼓楼区第一中心小学四年级　陈亚捷

市场上的 H1N1 流感令人恐惧。这不，我们班上也刮起了一阵可怕的流行风。但你知道，受了"风寒"是要"感冒"的。

前不久，班上的"消息王"楠楠开始向同学们传递《斗罗大陆》的信息。"《斗罗大陆》非常好看，快来看吧！我有1—14册……"两天还不到，同学们就张口"斗罗"，闭口还是"斗罗"。连一向学习稳重认真的菲菲也忍不住捧起了《斗罗大陆》。要说那《斗罗大陆》的流行程度呀，啧啧啧，那可是相当的疯狂。你要求人帮你个忙，人家头也不抬，就几个字："《斗罗大陆》来换。"因此，手上时时刻刻备着一本《斗罗大陆》好处是相当多的。可是，自从看了《斗罗大陆》以后，许多同学的成绩开始直线下降。于是，老师开始关注这本书了。

有一回，宣传委员雯雯在上课的时候偷看《斗罗大陆》，被老师逮个正着。瞧，她把《斗罗大陆》套在音乐书皮里面，以为可以蒙混过关。可被老师的火眼金睛发现：怎么雯雯的书特别厚呢？秘密马上就被揭开，《斗罗大陆》就被老师没收了。后来，雯雯扬言："谁能帮我拿回《斗罗大陆》，我就把它借给谁看。"啊哈！我们几个女生为了看《斗罗大陆》，不惜启用了不太光明的方法"拿"回了书——我们偷偷溜到老师办公室，拿走了《斗罗大陆》。

又一次考试，全班没有一人考上 90 分。老师气得不行，立即下令封杀《斗罗大陆》。不过这股风还未完全过去。这不，还有几个同学悄悄躲在厕所里一睹为快呢！这一阵风大概吹了一个月才过去。此后，《斗罗大陆》也渐渐不再被我们提起。它将成为我们班一段"辉煌"的流行史。

流行风来袭虽然不是什么好事，但却是我们记忆中的一段美好时光。毕竟，它曾给了我们许许多多的快乐。

"精灵卡"流行风

福州市钱塘小学四年级　魏靖芸

前阵子，我们班上刮过一阵流行风。好多男生都被这"风"吹成"重感冒"了。这股流行风可谓是疯狂得不得了呀！

精灵卡源于一部当红的动画片《赛尔号》。《赛尔号》中的精灵们各式各样，都被做成了卡片。男生很快就迷上了这种玩具，几乎人人都到商店抢购。

这不，一次我路过学校的"心灵家园"，看到一群群男生挡着道路，三个一群、五个一伙地坐在地上玩卡。整个心灵家园闹哄哄的，简直成了赌场，也可以说是被他们弄得乌烟瘴气。受不了眼前的一切，我甚至给校长先生写了一封建议信。

学校风靡精灵卡，而我们班同学是迷得最疯狂的。我每天踏进教室，听见的都是"嘭嘭"的拍桌子声与"叽叽喳喳"谈论卡片的声音。放眼望去，不仅男生玩，连女生也参与了。我走到座位坐下，周围的人全然不理我,都在全神贯注地玩卡。有一回,我不小心碰了一下桌子,让同桌赢到了他想要的卡。他那兴奋得快要晕过去的神情,真是没救了!

我的同桌是个疯狂的精灵卡爱好者,他不仅在课前、课间玩卡,连上自习课,甚至主科课也玩。他会找周围有好卡的同学换卡,还会兴致勃勃地找有同样爱好的人聊天。最后的结果便是卡被老师没收了!就算这样,也不能阻止他对卡的热情。他照常买卡、玩卡。为买卡,他已经花掉不少于150元钱了。

更荒唐的是,令人着迷的卡竟然有人出高价购买。听说那张稀有的"重生之翼"已经被炒到了一张299元!我简直不敢相信:真的有这么高价的一张卡吗?

虽然精灵卡给同学们带来了很多乐趣,但我还是希望大家不要沉迷于此,免得被"龙卷风"刮跑,影响学习哦!

习得方法

精彩的场面——运用点面结合的写法描写场面。"面"是概括描写群体,"点"是重点描写典型的人物。描写典型人物,重在表情、动作、语言的生动再现。

第 23 课　欢乐的氛围
"冰冻，解冻"真好玩儿

一、话题激趣

"冰冻，解冻"是小朋友常玩的游戏。这游戏不仅好玩，还是写作的好素材呢！赶紧找几个小伙伴，一起在奔跑与喘息中挥洒快乐吧！

二、游戏规则

1. 角色：一人当"鬼"，任务是抓住其他人；其他则是"人"，任务是避免被"鬼"抓住。

2. 技能："人"在危险时刻，可双手抱肩喊"冰冻"防身；"冰冻"之后不能动弹；必须由伙伴拍他，才能"解冻"，获得自由。

3. 输赢：被"鬼"抓住，就被同化成"鬼"，和"鬼"一起抓人。到规定时间，有"人"存活，"人"获胜；无"人"存活，"鬼"获胜。

三、尽情游戏，留心观察

四、观察记录

1. 筛选材料：回忆游戏的精彩时刻，画"√"。

当"人":

(1) 危急时刻,侥幸逃脱　　(　　)

(2) 一不留神,误入"魔爪"　(　　)

(3) 智谋逃脱,惊险刺激　　(　　)

(4) 拼速逃脱,气喘吁吁　　(　　)

当"鬼":

(1) 智谋抓人,刺激惊险　　(　　)

(2) 拼速抓人,辛苦难忘　　(　　)

2. 突出重点:还原游戏的重点场次。

挑衅—锁定目标—追与逃—被抓(或冰冻—求救—解冻)

(1)"鬼"的视角。

例

我看到一个人手舞足蹈,心想:目标就是你了!我飞快地向他冲去,感觉脚底生风呀!马上要抓到他的时候,他大喊一声:"冰冻!"听到这句话,我的心情如同泄了气的皮球。突然,我灵光一闪,心想:我躲到石头后面,等救他的人来,我网条"大鱼"。"救命,救命!"他在呼救。我心想:再大点声吧!真的有一个人傻乎乎地来救他。"哈哈!"我大喊着冲过去,抱住他的腰。我得意洋洋地把他拽到老师那儿:"我逮到了一个人。"这条"大鱼"只好接受惩罚——蛙跳五次啦!

我来试一试

(2)"人"的视角。

例

游戏开始了,当"人"的我悄悄地躲到一块大石头后面,站在那儿不动,打算"鬼"来了就"冰冻"。过了一会儿,我悄悄地探出头来,看了一看。呼,"鬼"没来。突然,我听见后面传来了一声河东狮吼,急忙回头一看:呀,是"鬼"!我见势不妙,赶快开溜。不料,另一只"鬼"不知从哪儿冒了出来。他俩一起前后包抄,我无路可逃了。正当他要一把抓住我的衣襟时,我双手交叉抱在肩上,大喊:"冰冻!""鬼"拿我没有办法,只好跑开,抓其他人去了。

我来试一试

五、借助思维导图写作文

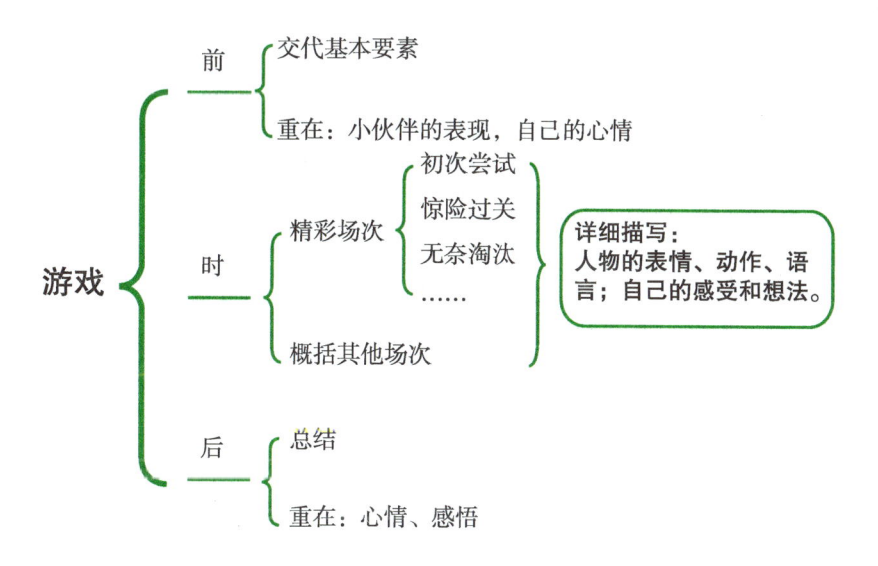

```
      ┌ 前 ┬ 交代基本要素
      │    │
      │    └ 重在：小伙伴的表现，自己的心情
      │           ┌ 初次尝试
      │           │ 惊险过关      ┌ 详细描写：
游戏 ┤ 时 ┬ 精彩场次 ┤ 无奈淘汰    │ 人物的表情、动作、语
      │    │           └ ……          │ 言；自己的感受和想法。
      │    │
      │    └ 概括其他场次
      │
      └ 后 ┬ 总结
           └ 重在：心情、感悟
```

六、佳作引路

这次，我们玩得真高兴

福州市钱塘小学三年级　陈玥希

今天早上，张老师说要带我们去冶山春秋园玩"冰冻"游戏，同学们<u>欢呼雀跃</u>。

到了冶山春秋园，我们先选三个人当"鬼"。游戏开始，我以最快的速度冲向前方，并嘚瑟地喊："乌龟们，来抓我啊！"我的同桌被激怒了，冲了过来。"啊——"我尖叫一声，撒腿就跑。想不到，他不是向我进攻，是向我后面的人进攻。我松了口气，放慢了脚步。我前方有个趴在地上喊累的人。我对他不感兴趣，扭头就走。想不到啊，那人起身扑上来，抓住我，还兴奋地喊："你出局！你出局！"

153

"哈，你是'鬼'？"我才反应过来。那人骄傲地说："咋的？不是'鬼'怎么抓你？"唉，不注意，竟入了"魔爪"，真是气人。

有一局，轮我当"鬼"了。我要复仇！要报仇！我开始寻找那人的踪迹。只见他躲在一块大石头后面，我要去抓他。可是，我往左跑，他往右躲；我往右跑，他往左躲。要抓住他，我感觉好吃力啊！咋办呢？有了，我叫来同样当"鬼"的一个女同学——叶灵。接着，我往左边进攻，她往右边进攻，那人不知躲哪儿去，被我们俩给抓住了。我们兴奋地把他交给了张老师，并罚他完成五个蛙跳。哈哈，这就是偷袭我的后果！

虽然这美好的时光过去了，但这份欢乐却留在我们的记忆里。

"冰冻"游戏真好玩儿

福州市鼓楼区第二中心小学三年级　廖义畅

今天，张老师笑眯眯地说："我们去冶山春秋园玩'冰冻'游戏！"许多同学脱口而出："太棒了！"

老师简单地说了规则：三个同学当"鬼"去抓人；快要被抓住的人，可以抱住肩膀说"冰冻"；"冰冻"后的人就不能随意跑动了，只能等待别人来救；如果被抓住了，就要被惩罚蛙跳五个。

我们蹦蹦跳跳地来到了冶山春秋园。第一局游戏就开始了。郝品熹、程奕钒、林守静当"鬼"。一开始，我就勾起手指挑衅他们仨，并喊："来抓我呀！抓不到吧！"程奕钒冲上来就要抓我。说时迟那时快，我大喊了一声："冰冻——"他只好失望地走开了。我环顾四周大喊:"救命,谁能帮我解冻呀?"多亏陈玥希跑来帮我解了冻。可是,万万没想到,我一解冻就被抓了,中了"鬼"的陷阱。我输得心服口服,只好做了五个青蛙跳。

还有一个回合,我印象十分深刻。这一局是程奕钒、吴林翃和郝品熹来当"鬼"。我们先是像无头苍蝇一样到处乱窜。程奕钒想来抓我,我连蹦带跑地躲开了。他进攻,我后退,却没有想到吴林翃正在我身后埋伏。我就成了第一个被"鬼"抓住的"幸运儿"了。

有一次,不知为什么,淮亮大喊:"大家都'冰冻',只留一个人不'冰冻'。"没想到,不少同学都照做了。我暗想:他是怎么想的,如果那个没被'冰冻'的人被抓了,岂不是我们全完蛋了!

游戏结束,大家恋恋不舍地离开了冶山春秋园。

> **习得方法**

> 欢乐的氛围——欢乐在呼喊中飞扬,在嬉闹中蔓延。留意场上的呼喊声,观察伙伴们肢体上的互动,让欢乐的氛围从文字中溢出。

第 24 课　逼真的情境
停电（水）记

一、话题激趣

电（水）宝宝与我们的生活息息相关。要是它淘气了，突然"溜走"好一阵，我们的生活恐怕就要乱了套。你有过这样的经历吗？这回，咱们来说道说道。

二、锁定素材

停电的苦恼
- 充不了电
- 吹不了空调
- 冰箱停工
- ……
- 看不清物
- 煮不了饭
- 无法学习

哪一回停电你最难忘？那次停电，给你们带来哪些困扰？

三、梳理思路

1. 停电（水）是怎样发生的？那时候，你和其他人分别在干什么？停电（水）那一刻，在场的人反应如何？

例

一天晚上，我们全家各自做着各自的事。我在书房写作业，妈妈在打印材料，爸爸则用电脑看新闻。

突然，"啪，啪"几声，一阵突如其来的停电"袭击"我们家。我吓了一跳，问："停电了吗？"妈妈气恼地说："我打印了一半的材料呀！"爸爸对着自动关机的电脑，不知所措地瞪大了眼睛，手还搭在键盘上呢！我看了看手腕上的荧光手表。哎，现在是晚上八点多，我的作业怎么办呢？我们全家仿佛陷入了停电的"魔掌"中，无所适从。

我来试一试

———————————————————
———————————————————
———————————————————

2. 确认停电（水）后，你打算怎么做？你做了什么？其他人做了什么？

例

我只好按《百科全书》里说的，先让眼睛适应黑暗。我慢慢地能看见了，可是很模糊。我只好凭借着微弱的月光去找爷爷。爷爷已经睡下了。他看见我慌慌张张地跑来，就急忙爬起来问："怎么啦？"我把事情一五一十地跟爷爷说了。爷爷拿出手电筒。真倒霉，手电筒竟然没电了。我只好摸索着去门后拿蜡烛。中途，我不小心踢到铁门，疼得尖叫了一声。

我来试一试

_____

_____

3. 停电时间，你们是怎么度过的？做了什么呢？其中，有什么特别的事情吗？

例

这黑乎乎的，可什么也干不了哇！我索性邀请爸爸妈妈一起玩躲猫猫。爸爸妈妈爽快地同意了。第一局，爸爸来找我们。妈妈躲在了沙发后面，我干脆悄悄地跟在老爸的身后。爸爸左找找，右找找，全家都找遍了，却只找到妈妈。爸爸找不到我，我在心里偷笑。爸爸一遍又一遍找，把家里各个地方走了N遍了，还是没有找到我。我心中十分得意，在爸爸身后直做鬼脸！突然，爸爸转过身，而灯也很配合地亮了起来！就这样，我被发现了。

我来试一试

_____

_____

4. 来电了，其他人反应如何？你有什么想法？接着，大家都做什么去了？

例

直到八点半，调皮的电宝宝才稳定下来。家里恢复了平静，该打印材料的打印材料去了；该看新闻的看新闻去了。我呢，写作业写到了九点多。唉，明天上课的时候，要打哈欠啦！

我来试一试

_____
_____
_____

四、话题延伸

1. 节约用电（水），我们可以做些什么？
2. 如果事先知道会停电（水），我们应当做些什么准备呢？

五、借助思维导图写作文

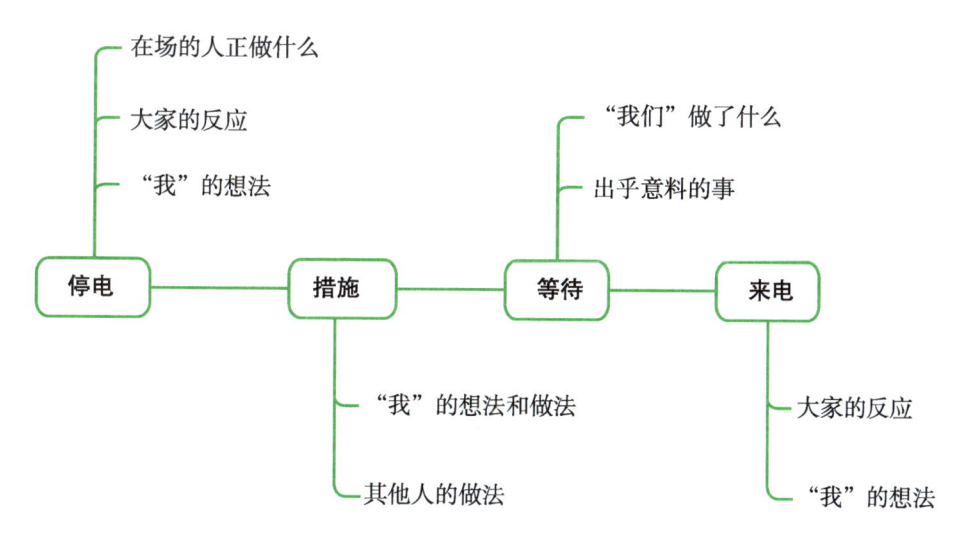

停电
- 在场的人正做什么
- 大家的反应
- "我"的想法

措施
- "我"的想法和做法
- 其他人的做法

等待
- "我们"做了什么
- 出乎意料的事

来电
- 大家的反应
- "我"的想法

六、佳作引路

停 电 记

福州市钱塘小学四年级　魏靖芸

过去以为，停电不用写作业，是件很好玩的事！而暑假发生的那一场停电，则让我感受到了生活中没有电的烦恼与无奈！

那次，电停得可真不是时候。炎热的下午，我正津津有味地看电视，不时爆发出一阵大笑。"啪"的一声，电视上精彩的画面消失了。我拍拍电视，电视毫无反应。我回头一看：呃，空调上显示的数字也不见了。我脑海里闪过一个念头：停电了？

我一确定停电，就飞也似的冲出房间，发疯似的吼叫："妈，怎么停电了？我的电视节目还没看完啊，错过了就没有了啊……"妈妈却依然平静："物业通知过今天停电，别一惊一乍的。"呜呜，就没人给我一丝同情吗？

我气呼呼地回到房间，一屁股坐在床上，额头上冒出细细的汗珠，没有空调的时光真难熬。我是多么渴望有一丝清凉呀！忽然，我的头脑里掠过一丝不好的预感。"我的冰棒！"昨天从批发店买来的十一根冰棒啊，不知你们是否安好？我急忙打开冰箱看：果然，我的宝贝冰棒正处于水深火热之中。身为吃货的我立刻用铲子凿下几块幸存的冰，放进泡沫箱里，接着把十一根冰棒安顿在里面。最后，我给自己也留下一块冰来降温。

安顿好了冰棒，我感到百无聊赖。咦，那不是妈妈的 iPad 吗？

我抓起iPad，兴奋地玩了起来。可不一会儿，iPad就不给力，死机了！呃呃呃……我怎么会这么倒霉？我颓丧地坐在床前，手中的冰化成了水，滴在了我提前准备的袋子里。

就在这时，我听到了一声清脆的声音"叮——"，犹如天籁。那是空调开启的声音。来电了！我开心得一蹦三尺高！

这次经历让我感觉到：生活中，电实在是不可缺少！

电梯遇险记

福州市钱塘小学四年级　丁思阳

一天晚上，上完英语课，我和爸爸走进电梯。刚迈进电梯，我突然有一种不祥的预感。

电梯下到三楼，突然"啪"的一声，楼层的显示屏上数字没了，灯也灭了。顿时，电梯里一片漆黑，我们被黑暗笼罩了。我先是不由自主地尖叫起来"啊——"，接着使出吃奶的力气喊："救命啊！"可是没有人响应。爸爸吞吞吐吐地说："别怕……孩子，有……爸爸……在。"虽然我看不到爸爸，但我能确信他早已脸色苍白，眉头紧皱，喊"孩子别怕"只是给我和自己鼓气。

过了两三秒钟，电梯突然像过山车一样自由落体下去。我吓得汗流浃背，只顾冲破喉咙大喊："啊！"爸爸也喊了起来，只是比我小声。估计他是想保住自己在孩子面前的尊严。电梯停了，爸爸哆嗦着说："儿子，别怕，要沉着冷静！"我觉得爸爸有点乱套，现在怎么能冷静，鬼知道电梯下一步会干什么。我想，它会不会像一个

魔鬼，一直上上下下地折磨我们，或者会突然开门，但外面一片漆黑……

突然，我想到可以按急救键。但在电梯里摸索了三圈，我也没找到急救键，却碰到了一个软软的东西。大概是我恐怖片看太多了，以为是僵尸。我先给自己"啊"了一声壮胆，接着一拳干了过去。紧接着，我听到凄惨的一声"啊"，接着一声怒吼："你怎么打我肚子。"我这才意识到自己打到人了，连忙说："对不起，对不起！"

现在最重要的是怎么出去。哦，上帝保佑，佛祖保佑，不要出什么意外……突然，电来了。周围一下恢复了光明，我们从黑暗中解脱出来。原来，我们在负1楼。爸爸赶快按了"1楼"，**我们早想摆脱这恐怖的电梯了。**

"叮"的一声，电梯到了1楼。门一开，我们像豹子，又像箭一样"飞"出了电梯。周围的路人不知道怎么回事，惊讶地张大了嘴巴。我们气喘吁吁地钻进车里回家了。

这次电梯停电的经历真是太恐怖了。不过正是这件事，让我知道：我有一个胆小如鼠的爸爸。哈哈！

习得方法

逼真的情境——真实处境的再现，真切感受的表达，让读者如临其境、感同身受。停电（水）带来的困扰，描述细致；面对困扰的感受与想法，描写细腻。

第五单元　巧妙构思

第五单元　巧妙构思

单元目标

了解写作的步骤，掌握各个环节的具体方法，写出优秀篇章。

1. 材料取舍。

写作材料，我们既要学会抓，也要舍得放。

材料选择：与中心关系紧密；力求真实；尽可能新颖、独特。

2. 层次分明。

按一定的顺序组织相关的写作材料。

写作顺序：时间顺序、空间顺序、事情发展的顺序、总分顺序等。

结构安排：总分、分总、总分总等。

3. 详略得当。

文似看山不喜平。

习作要分清主次轻重。

越能突出中心的材料越是重点，要作具体细致的描写。

4. 升华主题。

"得失"中总结经验或教训。

从"人"或"物"的身上获得启迪。

5. 龙头凤尾。

龙头是抛砖引玉。

凤尾是升华主题，起到画龙点睛的作用。

第 25 课　材料取舍
作业"进行曲"

一、话题激趣

作业，是学生绕不开的"烦恼"。它就像是一首绵延不断的进行曲，需要我们日复一日地"弹奏"。那么，你平时是怎样"弹奏"的呢？有哪些"弹奏"时光是你难以忘怀的呢？

二、锁定素材

不一样的作业，带给我们不一样的感受。关于作业，你还记得哪些特别的故事呢？

爽→喜欢的作业
　　作业量少
　　特殊的作业

故事一：_____

烦→最讨厌的作业
　　作业量多
　　作业打乱了自己原有的计划

故事二：_____

　　　　　　　難上加难的作业
　　崩溃→被罚写的作业　　　　　　故事三：＿＿＿＿＿＿＿
　　　　　　　感觉怎么也写不完的作业

　　其他：＿＿＿＿＿＿＿＿＿＿　　故事四：＿＿＿＿＿＿＿

三、梳理思路

1. 那一回，老师是怎样布置作业的？同学们的反应如何？哪个同学的表现给你留下了深刻的印象？你有什么想法呢？

例

昨天，上完舞蹈课，佳佳老师就给我们布置了两项"魔鬼"作业。一项是回家练习要表演的《步步生莲》，并录视频发给她；更恐怖的一项是用三四块瑜伽砖练竖叉。同学们听了，都"啊"地叫了起来，唯独我没有。因为我喜欢舞蹈，我觉得这个应该难不倒我。

我来试一试

＿＿＿＿＿＿＿＿＿＿＿＿＿＿＿＿＿＿＿＿＿＿＿＿＿＿＿＿＿＿
＿＿＿＿＿＿＿＿＿＿＿＿＿＿＿＿＿＿＿＿＿＿＿＿＿＿＿＿＿＿
＿＿＿＿＿＿＿＿＿＿＿＿＿＿＿＿＿＿＿＿＿＿＿＿＿＿＿＿＿＿

2. 写作业前，你做了哪些相关的准备？有什么具体的想法吗？

＿＿＿＿＿＿＿＿＿＿＿＿＿＿＿＿＿＿＿＿＿＿＿＿＿＿＿＿＿＿
＿＿＿＿＿＿＿＿＿＿＿＿＿＿＿＿＿＿＿＿＿＿＿＿＿＿＿＿＿＿

3. 做作业的进程是怎样的？你在哪个点上卡壳了？是出现了困难，还是意外呢？那一刻，你感觉怎样，有什么想法？你采取了什么措施呢？

例

可是，事情却没我想的那么简单。录制视频时，我非常激动，也很害怕跳得不好。可我越是紧张，出错越多。于是，我调整了心情，重新录。尽管如此，我还是录了一遍又一遍。只要是有一个动作没有做到位，我就让妈妈重录。整整十遍才录好。整个录制过程，好几次都让我产生了绝望的心情。而更让人想不到的是，我练习竖叉时，才坚持一会儿，就觉得腿要断了。最后，浑身是汗的我，咬牙坚持住，才勉强完成了作业。

我来试一试

_____
_____

4. 完成作业后，感觉如何？
_____

5. 关于作业，你一定有话可说。写下你最想说的话吧！
_____
_____

四、话题延伸

1. 为什么学生要做作业呢？
2. 采访他人：怎样才能把作业做得又快又好？

五、借助思维导图写作文

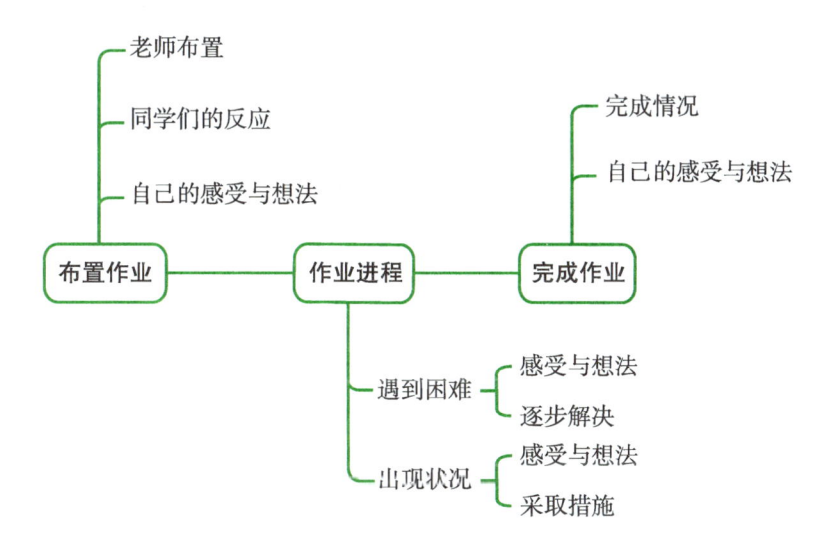

```
        ┌─ 老师布置
        ├─ 同学们的反应                           ┌─ 完成情况
        └─ 自己的感受与想法                        └─ 自己的感受与想法
     [布置作业]────[作业进程]────[完成作业]
                        │
                        ├─ 遇到困难 ┬─ 感受与想法
                        │          └─ 逐步解决
                        └─ 出现状况 ┬─ 感受与想法
                                   └─ 采取措施
```

六、佳作引路

令人崩溃的作业

福州市钱塘小学四年级　韩泽林

说到作业，你会联想到什么？我第一下想到的就是——苦恼！难！令人崩溃！

有一次，老师让我们**写一篇四百多字的周记**。刚开始，我并不在意：周记嘛，那有什么难的！但第二次拿起作业登记本时，我突然发觉——大事不好！因为我想不到可以写什么了。

那天，我参加户外活动，早晨出门，傍晚才回家。回家后，我打开周记本，开始"奋斗"。可是，我一直"奋斗"到深夜，也只写了几个字，差点就愁白了头发！看着我本子上的几个字，妈妈气不打一处来。就这样，我被妈妈一顿痛批。不仅如此，妈妈还给我下了死命令："没写出来不许睡觉。"坐在书桌前，我垂头丧气地自我安慰："算了，不睡就不睡吧！"没想到，我绞尽脑汁没收获，却趴在桌上睡着了。

不知过了多久，爸爸把我摇醒了。接着，他开始辅导我写周记。我昏昏沉沉地写啊写，写啊写。然而，我写出来的周记还是不行。就这样，我被逼着写了一遍又一遍。感觉过了一个世纪，我才写好周记，去睡觉。

作业有难的，也有简单的。记得二年级时，老师曾经让我们在作业本上画画。三年级时，老师也曾经让我们**画漫画、玩吹泡泡**。那些作业做得特爽，让人好怀念呀！

虽然有些作业很难完成，但是我坚信：学习和完成作业都不容易，甚至是痛苦的。但攻克了难关时，我们就会拥有很大很大的成就感！

啊，作业

福州市鼓楼第一中心小学四年级　陈奕杰

说起作业带给我的感受，印象最深的：一是高兴，二是哭笑不得。

先说**高兴**的吧！有一天，老师说快期末考了，所以要加一项作业——两张卷子：一张是《53天天练》，一张是《黄冈试题》。本来加两张卷子不算什么，可作业中还有一项，居然写两篇周记！你们不会以为我也会垂头丧气吧？当然不会。此时的我，在抽屉里比了一个"V"的手势。因为卷子我已经提前做完了。而作文呢？我只要在课外班写的几篇中，找两篇当"替罪羊"就可以了。况且，我写完作业，妈妈还会给零花钱奖励噢！

另一个哭笑不得的经历呢？听我慢慢说来！那天，综合实践课的老师给我们布置了一项奇怪的作业：自己做一个风筝。由于我不会做，只得请求老爸帮忙。老爸听了，一拍胸脯说："这件事包在我身上，以前我还是村里有名的木匠。"我暗想：老爸，你别吹了吧！还有名的木匠呢，我看你连木匠都没有当过。但除了老爸，实在没人会做，我只好抱着"死马当活马医"的想法，请爸爸帮我做了。过了几天，我发现自己已经忘了这件事。当我着急忙慌地跑去问爸爸时，爸爸一脸茫然。见爸爸也把这事儿给忘记了，我只好怏怏地去商店里买了一个风筝。去上学的路上，我心里还在抱怨：老爸，看来以后不能再相信你了！

当然，这两种感受还是少有的。现如今，我对作业已经没什么特别的感觉了。作业天天写，我都已经习惯了。

习得方法

材料取舍——材料以真实为先，尽量在经历中找（体验特别、感触深的为首选）；选材以中心为基准，选择关系密切的；材料以新颖、独特为好。

第 26 课　梳理思路
心爱的礼物

一、话题激趣

我们收到过各种各样的礼物：新年礼物、六一礼物、圣诞礼物、生日礼物、出差礼物、见面礼物……在众多礼物中，哪一份礼物是你最为心爱的呢？

二、锁定素材

给礼物简单画个像：	礼物名称：＿＿＿＿＿＿＿＿＿
	颜色：＿＿＿＿＿＿＿＿＿＿＿
	大小：＿＿＿＿＿＿＿＿＿＿＿
	造型：＿＿＿＿＿＿＿＿＿＿＿
	装饰：＿＿＿＿＿＿＿＿＿＿＿
	最有特色的部分： ＿＿＿＿＿＿＿＿＿＿＿＿＿＿ ＿＿＿＿＿＿＿＿＿＿＿＿＿＿

三、梳理思路

1. 礼物是谁送的？为什么你最在意它呢？

例

我最心爱的礼物，是姑姑送的大白熊。自从有了它，我就不孤单了。晚上抱着它睡觉，我的心里特别踏实。

我来试一试

——————————————————————
——————————————————————

2. 第一次见它的情形是怎样的？看到它，你的心情如何？写下你收获礼物的那一幕吧！

例

我正穿衣服时，妈妈推开了门。她笑盈盈地说："孩子，你猜猜，你的六一节礼物是什么？"我歪着小脑袋猜："应该是毛绒小兔，或者是芭比公主！"妈妈笑着说："傻孩子，你都说错了！妈妈送你的是一辆玩具自行车。"说着，妈妈把礼物拿了出来。哇，是金光闪闪的小自行车。瞧，车架是金色的，轮胎和篮子是黑色的，扶手的位置是白色的。太漂亮了！我越看越喜欢，笑得合不拢嘴了。"妈妈，你太好了！"说着，我亲了妈妈一下。

我来试一试

——————————————————————
——————————————————————

3. 拿到这份礼物，你是怎么做的？

🟢 例

我迫不及待地拆开袋子。那只熊白白的，还穿着一件红色的小熊毛衣，真是可爱！抱着小熊，我非常开心。后来，我把熊放在床上，让它每天都陪伴我。

🟩 我来试一试

4. 你怎样存放这份礼物？它陪伴你度过哪些时光？你与它之间有什么特别的故事呢？

🟢 例

我小心翼翼地把玩具自行车放到书架上。有一回，表妹也看上了这辆自行车，想让我送给她。我说什么都不同意，表妹还不高兴呢！

🟩 我来试一试

5. 如今，这份礼物怎么样了？看到它，你的心情如何？

例

这只熊洗过几次，显得旧了一些。但我依然喜欢它，喜欢抱着它入睡。

我来试一试

_____

_____

四、话题延伸

1. 你认为，礼物传递的是什么？

2. 如果让你送一份礼物，你会送给谁？送什么呢？为什么？

3. 写"我给××送礼物"的故事，要怎么展开？

五、借助思维导图写作文

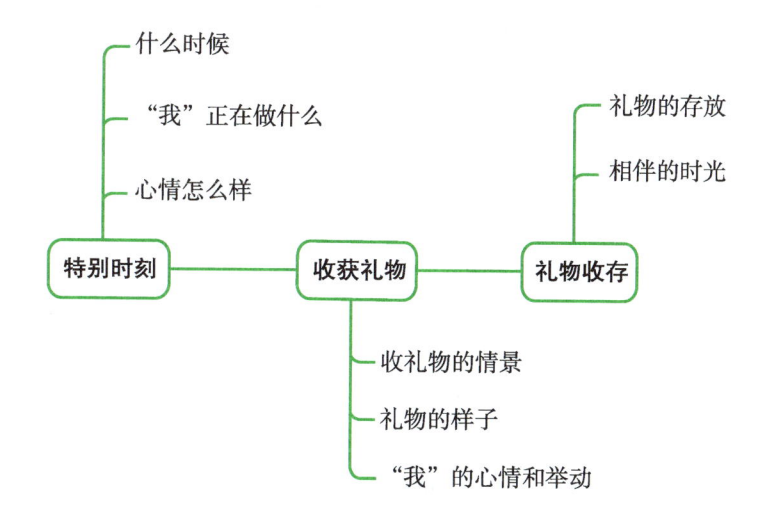

- 特别时刻
  - 什么时候
  - "我"正在做什么
  - 心情怎么样
- 收获礼物
  - 收礼物的情景
  - 礼物的样子
  - "我"的心情和举动
- 礼物收存
  - 礼物的存放
  - 相伴的时光

六、佳作引路

最心爱的礼物

福州市钱塘小学二年级　陈可叡

我最心爱的礼物是圣诞老人送给我的电话手表。

它是蓝色的，外壳硬邦邦的。不过，把它戴在手上，我却觉得很舒服。打开表盘上的盖子，你可以看到一只可爱的小狗。它旁边是一块牌子。牌子上写着几点几分、星期几、上午或下午。

去年的平安夜，圣诞老人送给了我这块电话手表。圣诞节的早上，我**一醒来**，就迫不及待地**冲到**圣诞袜前。我把手伸进袜子里**摸索**，想快快知道：圣诞老人送了什么礼物给我。

我先是**摸出**了一张纸条。上面写着：陈可叡，你已经上一年级了，应该更乖了。这次，我把手表送给你，还没装电话卡呢！我知道你快期末考了。要是你考试考了一百分，就让爸爸妈妈给你买一张电话卡吧！我看了非常高兴，立刻**跳下**床。这时，我**看到**地上有一个方形的盒子，上面写着"华为"。我**打开**一看，是个蓝色的电话手表。那一刻，我是多么的兴奋呀！

看着手表，想起去年的圣诞节，我还很激动呢！

特别的儿童节礼物

福州市钱塘小学二年级　黄世淞

今年的儿童节，我收到了一份特别的礼物。

那天，妈妈说带我去选"六一"节礼物。我蹦蹦跳跳地跟着妈妈**来到**自行车专卖店。店里的自行车一排又一排，琳琅满目，我不由得两眼放光。

很快，我的火眼金睛就**搜索**到了一辆银光闪闪的自行车。那可是我梦寐以求的车呀！瞧，车身银白色，车胎黑色，十分帅气。我骑上自行车**试了试**，立刻有了飞翔的感觉。我恨不得马上就拥有这一辆自行车，直催妈妈给我买。妈妈笑容满面地说："好，好，马上给你买！"我万分感谢，摇着妈妈的手臂说："谢谢妈妈！"妈妈干脆利落地**买了单**。我一蹦三尺高，兴奋地上前推自行车。看着闪闪发亮的自行车，我高兴地笑了。

回到家之后，我急忙开始**练习**骑车。妈妈把骑车的要领教给了我。练得差不多了，我才和妈妈开开心心地去吃午饭。

从那天起，我每天都要骑上心爱的自行车，在小区里绕几圈。

习得方法

条理清楚——按一定的顺序组织材料，文章自然是条理清楚。写作顺序常有：时间顺序，空间顺序，事情发展的顺序，总分顺序等等。

第 27 课 结构合理
参赛记

一、话题激趣

生活中，各种各样的比赛层出不穷。学科类、艺术类、竞技类、趣味类……你参加过哪些比赛呢？

二、锁定素材

在众多的参赛经历中，哪一次是你最难忘的？难忘的原因是什么？

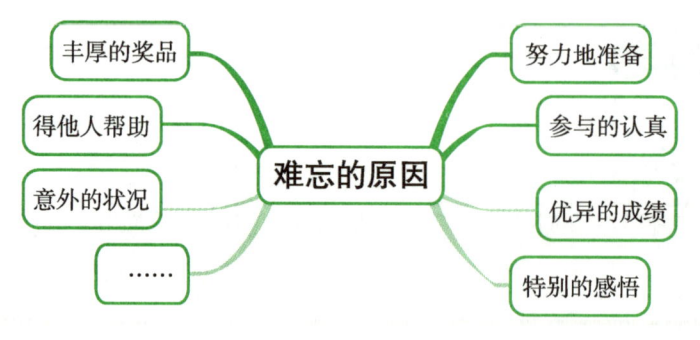

```
丰厚的奖品                    努力地准备
得他人帮助                    参与的认真
            难忘的原因
意外的状况                    优异的成绩
   ……                        特别的感悟
```

最难忘的＿＿＿＿比赛。难忘的原因是：＿＿＿＿＿＿＿＿

三、梳理思路

1. 得知比赛的相关消息，你有什么想法？什么情况下，你决定参赛？

第五单元　巧妙构思

例

这一场比赛是"举轻",考验我们的平衡力和能否静心。这个女生有优势!"嘉璐,上!"张铭笑眯眯地看着我,怂恿我上场。我十分犹豫:这两个气球随时都会飘出羽毛球拍,我好像掌控不了它们呀!但我也不擅长别的项目,怎么办呢?最后,在几个女同学的怂恿下,我索性答应了。

我来试一试

_____

_____

_____

2. 为比赛,你做了哪些准备?你遇到了什么困难?是怎样解决的?还记得当时的想法吗?

例

比赛前的一个月,我紧张地练习着,生怕练得不够,上场会出差错。比赛前一周的一天,我正坐在琴凳上练琴。突然,我的手指上传来一阵阵刺痛。我急忙把手翻过来看。原来,那一天我练了五个小时,手指已经磨出了一个小水泡。小水泡与琴键碰撞,刺痛就直冲我的心房。我坐在琴凳上,双手无论如何也不想再放上琴键了。

妈妈走了过来,知道情况后,对我说:"既然你选择了参加比赛,那就要努力准备。不要因为一点小伤就半途而废。"我心想:离成功就差一步之遥了。如果半途而废那不就前功尽弃了?于是,我振作精神坐回了琴凳,开始弹琴。我的双手在黑白的琴键上穿梭。

手指还是隐隐作痛，但一想到妈妈的那句话，我就咬紧牙关完成每天的练习任务。

> 我来试一试

_____

_____

_____

3. 比赛是怎样进行的？有出现困难或意外吗？你是怎样应对的呢？参赛过程中，你出现过怎样的感受、什么样的想法呢？

> 例

我握紧球杆，一点一点地往上提。没一会儿，我的手开始有些麻，腿有些软，而气球也摇晃得厉害。我托着杆子，在空中停留，想让气球稳定一会儿。感觉可以继续了，我又小心翼翼地往上托杆子。随着杆子越来越往上，保持气球稳定的难度也大大增加了。"不好！"我在心中叫道。因为左边的气球滚到了球拍的边沿。眼看气球就要往下掉，我连忙停住，屏住呼吸。幸好我机智应对，化险为夷了。看着气球依然乖乖地躺在拍上，我心中暗喜，继续托着杆子往上举。然而，就在我放松警惕之时，气球毫不犹豫地滚落在地了。噢，No!

> 我来试一试

_____

_____

_____

4. 比赛的结果怎么样？老师或家人是怎么反馈的？你对自己的表现满意吗？

例

终于，我赢得了 400 米第六名。我是乙组排行榜里最小的，唯一一个三年级的同学！我高兴得想要跳起来，可是已经没有力气了。这时，妈妈跑过来，兴奋地对我说："你太棒了，是乙组里唯一一个三年级的学生呀！"

我来试一试

_____

_____

四、话题延伸

1. 这次比赛，除了成绩和奖品，你还收获了什么？
2. 你会怎样安慰比赛失利的选手呢？

五、借助思维导图写作文

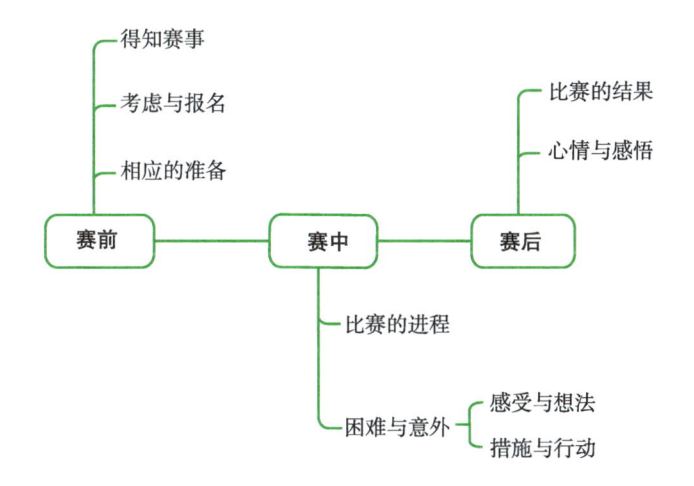

```
                得知赛事
                考虑与报名                    比赛的结果
                相应的准备                    心情与感悟
                    │                            │
                [赛前]────────[赛中]────────[赛后]
                              │
                              比赛的进程
                              │
                              困难与意外 ─── 感受与想法
                                         ─── 措施与行动
```

六、佳作引路

无聊的辩论赛主席

福州市钱塘小学五年级　潘桦筠

在我的印象里，主席是威风凛凛的。而在这次的辩论赛中，我才知道担任辩论赛主席是如此无聊。（总）

今天，张老师组织了一场我们期待已久的辩论赛。我荣幸地担任这次辩论赛的主席。

准备过程中，我练习讲稿是万分紧张的。我生怕练习不够，说得不好，被别人抓住笑柄。再看看，正方与反方分别组成两大"阵营"。我从正方"阵营"里看见了许多关于严格的名言，看来他们准备得很充分了。而另一方的"大将"吕嘉硕和杨竞泳是典型的"脑袋灵、口才好"，实力也不容小觑。看来这将会是一场没有硝烟的战争了！

辩论赛开始了。一度紧张的开场白之后，我便开始觉得无聊了。特别是在自由辩论中，我更是无事可干。听着他们唇枪舌剑，我的思路也慢慢地加入了正方的队伍。我拍了拍正方一辩，向她提出自己的想法："你们可以联系语文课本第13课《钓鱼的启示》来辩论。"她迟迟没有发表我提供的意见。我却已经在想象中淋漓尽致地阐述了起来："想必对方辩友也读过《钓鱼的启示》吧！作者在文中写道'一个人要是从小受到这样严格的教育的话，就会获得道德实践的勇气和力量'。作者父亲就是给了作者严格的教育，作者才有了道德实践的勇气和力量。"可惜我没有机会发言，心里急得不得了。

可怜的我，自由辩论结束了，我还得"假惺惺"地说一番话，真是无聊！（分）

下次可别再当主席了，要不然我可要抑郁了！（总）

难忘的比赛

福州市钱塘小学六年级　连清扬

两年前的暑假，钢琴老师推荐我参加博雅钢琴比赛。我不太想去，怕参加比赛却拿不了奖。但最终，我被爸爸妈妈说服了。妈妈说："老师看好你，说明你有实力呀！"爸爸也说："爸爸也看好你。再说不是还有一个月的准备时间吗？"

从那天起，我每天都要在钢琴上度过三四个小时，我的双手也被"摧残"得疼痛红肿。就这样，时间约莫过了一个月。还有五六天，就要去参加比赛了。我每天都过得忐忑不安。妈妈安慰我说："你付出了努力，就一定会有收获的。别担心！"可好巧不巧，距离比赛还有三天的时候，我发烧了。爸爸妈妈见我这样，都劝我别去比赛了。但我努力备战了一个月啊！我的努力就要白费了吗？我坚决地对爸爸妈妈说"不"。也不知是不是老天有眼，在我计划去比赛地点泉州的那天早上，我的烧奇迹般地退了！我和爸妈都惊喜不已，赶忙收拾行李赶往泉州。

经历了一个上午的奔波，我们终于到达泉州。比赛时间是下午两点，我们到的时候已经十二点了。我们顾不得吃午饭，就火急火燎地去办了一些手续，又去了化妆间换衣服、化妆。一切准备工作都做好了。我一看时间，妈呀，已经一点四十五分了，还有十五分钟我就要上"战场"了。这十五分钟，我坐立不安，每一秒都像是煎熬。

指针指向两点的这一刻，我感觉世界的一切都静止了，大脑一片空白。"嘿，嘿！"一位阿姨在我面前挥了挥手，我才反应过来，来到了**比赛**的大厅等候。走上舞台的表演者，一个，两个，三个……到我了。我尽量稳住自己的情绪，开始弹奏乐曲。曲子时而低沉，时而高昂，时而舒缓，我那一根根紧绷着的神经，随着一个个音符放松下来，进入了忘我的状态。不知不觉中，我完成了弹奏，结束了比赛。

但**等待结果**更加煎熬。"第……第 2 名……"知道比赛名次，我不知该高兴，还是失落。"没事！下次比赛继续努力！"爸爸妈妈说。就是这句话，让我的心平静了。（分）

我付出了努力，也收获了成绩！这真是一次难忘的比赛。（总）

习得方法

层次分明，结构清晰——确定好文章的结构，安排好段落层次。通常情况下，记叙文是总分式结构：分总，总分，总分总。例如"参赛记"通常先引出话题，再分段写"得知消息—参赛准备—参赛过程—参赛结果"，最后总结。

实操方法——动笔之前，想好作文的总体结构。总的部分概括写；分的部分，想好是几个内容，用几段写，哪个内容是重点，要详细写。如"参赛记"中的参赛准备与参赛过程是重点内容，要详写。

第 28 课　详略得当
受罚记

一、话题激趣

每一次犯错，都是学习成长的机会。然而，伴随着犯错而来的，常常还有难以避免的惩罚。有时候，受罚还不是因为自己犯错，而仅仅是受人牵连的"飞来横祸"。你经历或目睹过类似的事情吗？

二、锁定素材

生活中，惩罚小孩的方式也算是五花八门。咱们盘点一下吧！

学校：抄课文、做值日、写检讨、站立、留堂……

家里：禁止玩游戏、缩短看电视时间、取消外出活动、减少零花钱……

你曾中了哪些招？哪一次受罚经历是你印象深刻的？

三、梳理思路

1. 什么时候，谁（或哪些人）正在干什么？哪个人的出现，让你感觉不妙？他（或她）的哪些举动，让你有了不安的想法？

> 例

我清清楚楚地记得，那天走进教室时的情景：同学们正在吵闹，班长的带读一丁点儿效果也没有。任凭她怎么提醒都无济于事。教室里依然是人声鼎沸，闹闹哄哄的，像个菜市场。

我刚放好书包坐下，就隐约听见了两声轻咳："咳——咳！"我立马想到：班主任会不会正在附近？我们这样一定会被罚的。

我来试一试

_____

_____

2. 谁宣称你（或你们）要被惩罚？当时的情形是怎样的？那一刻，你是怎么想的？你（和"同党"）是什么样的反应？

> 例

果不其然，班主任在下一秒走进了教室。只见班主任面露愠色，教室里的空气在一点一点地冷却，凝固！我敢说，就这种情况，只要有一个人动，就会像点燃了导火索一样，一颗惩罚的"炸弹"就会降落到我们头上。班主任那锐利的双眼闪烁着冷冰冰的光，双手环绕在胸前，嘴角微微上扬，冷笑着。"你们哈，在我背后简直闹翻了天！你们越来越无法无天了！给我抄课文四去。"顿时，教室里弥漫着浓浓的、无奈的气息。而我，瞬间石化了！

我来试一试

_____

3. 被惩罚的人中，有没有人试图辩解？他（或她）是怎么做，怎样说的？效果怎么样？此情此景，让你有了什么样的想法？

> 例

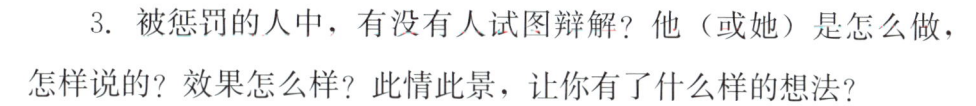

"中午放学留下来扫地！"老师斩钉截铁地说。"可是，那不是……"我正想辩解。"我不想听你解释了！总之，你留下来就是了！"说着，老师皱着眉头走开了。那一刻，我脸上像没事人一样，心却在默默地哭泣。那真是一种刻骨铭心的难过。

> 我来试一试

4. 不得不接受惩罚了，你（或你们）是怎么做的？有人发牢骚吗？你是怎么想的？

> 例

下课了，我急火火地收完数学作业，抱下去给老师，就又马不停蹄地回班抄课文了。放眼望去，全班同学都在埋头抄课文。我的好朋友正蹙着眉头，咬着嘴唇"唰唰唰"地写。

> 我来试一试

187

5. 最终的结果怎么样？你有什么想法呢？

例

"呼——抄完了！"终于，我深深地呼出了一口气！不过，我还是想说："这次受罚，我真是比窦娥还冤哪！"

我来试一试

_____

_____

四、话题延伸

找些伙伴讨论：

1. 惩罚能起到哪些作用呢？有没有弊端？

2. 你们强烈反对的惩罚方式有哪些？

五、借助思维导图写作文

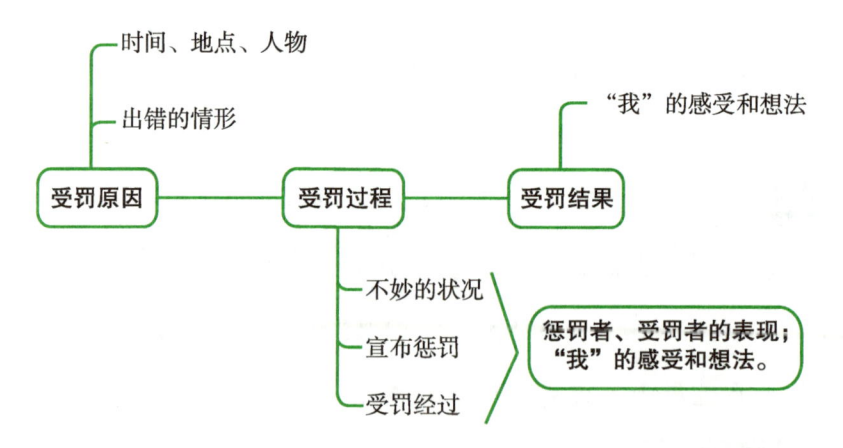

```
                时间、地点、人物
                出错的情形                    "我"的感受和想法
                    │                              │
            ┌───────────┐      ┌───────────┐    ┌───────────┐
            │  受罚原因  │──────│  受罚过程  │────│  受罚结果  │
            └───────────┘      └───────────┘    └───────────┘
                                    │
                                不妙的状况      ┌──────────────────────┐
                                宣布惩罚    ────│ 惩罚者、受罚者的表现； │
                                受罚经过        │ "我"的感受和想法。    │
                                               └──────────────────────┘
```

六、佳作引路

受 罚 记

福州市钱塘小学二年级　陈彦恺

一天下午,我们正在上体育课,老师给我们测跑步成绩。

测试开始了,三人一组,我们组是最先跑的。我们跑完以后,后面的同学也一组一组飞速地跑出去。好不容易,大家都跑完了。

离下课还有一段时间。体育老师**笑容满面**地说:"马上就期中考试了。为了让大家放松一下,我们玩个游戏。"老师的话音刚落,郑志翔就**大声喊**了起来:"耶!奥利给!"我瞬间感觉不妙,想提醒他却已经来不及了。(详写)

刹那间,体育老师的**笑容消失**了,取而代之的是**怒气冲天**的样子。她**大声吼**道:"好你个郑志翔,全班都别想玩了。罚站,等上课铃响再回教室!"我暗暗叫苦:天哪!还要罚站到上课?那语文课不是要迟到了?大家不敢吭声,只是**苦着脸**一动不动地站着。没一会儿,我的腿就站酸了。唉,这叫什么事儿呀!(详写)

果然,体育老师说到做到,让我们站到了第二节上课。上课铃响了,我们**一哄而散**,冲上教室。不出意外,语文老师也生气了,又批评了我们好久!唉,都怪郑志翔!生生把好事变成了坏事。

唉,这次受罚可真是让人心有不甘哪!

我好冤啊

福州市林则徐小学三年级　陈皓轩

小朋友，你一定被老师或家长惩罚过吧？我也不例外！有一次，我被罚是很冤枉的。

那是星期五的下午，我们正在做眼保健操，值勤的同学来检查我们班的卫生。结果，她说我的座位下有纸，班级要被扣分。

一听这话，老师**火冒三丈**，**大声吼道**："陈皓轩，你的座位下有纸，班级被扣分了！给我罚做一周的值日生！"啊？怎么会呢？进教室的时候，我还检查过，没有纸呀！于是，我**小声辩解**道："老师，不是我。之前我看了，没有纸屑啊！""那会是谁的？"老师**阴沉着脸**。很显然，我和老师都不知道是谁扔的。没办法，既然纸屑在我的座位下，只能由我来做这一周的值日生了。就这样，我吃了一个暗亏。（详写）

放学了，我和值日生在班级里做值日。我没好气地扫着地，越想越气。我一气之下，大叫一声"气死我了"，抬起扫把从二楼扔了下去。"啊——"一声尖叫传来，我**探出头**一看：不好，我的扫把砸中了一个值勤同学的脚！顿时，我从威武的老虎变成了胆小的老鼠。我急忙跑下楼，捡起扫把，又连连向值勤同学道了歉。（详写）

这次被罚实在是太冤了。唉，我真想找出踢纸屑到我位置的"凶手"呀！

习得方法

　　详略得当，重点突出——与"中心"关系密切的内容是重点，要细致、充分地描写；与"中心"有关的次要内容，概括清楚即可。如"受罚记"中，"怎样罚"和"怎么受"是重点。

　　写人、记事的文章，重点内容要从人物的表情、动作、语言和心理着手，描写具体。如"受罚记"中，"罚"与"受"的两方，因为情绪的起伏，会有不同的表现。细致描写人物双方的表现，重点便得以突出。

第 29 课　升华主题
大自然的启示

一、话题激趣

大自然神奇而多彩！约上伙伴，到户外去寻找大自然的足迹吧！倘若有了惊奇的发现，请停下脚步关注它，为它留影，与它交流……

二、梳理思路

1. 让你感到惊奇的是什么？为什么感到惊奇呢？

以"小草"为例：

```
环境：            土壤：
        生存的环境
水分：            阳光：
```

例

瞧，这小草依着一个大石块的侧面而生，横着长出来，覆盖面积大约有拳头大小。它嫩绿而充满汁液的叶片摇摇欲坠，似乎在下一秒，就会从石块上掉下来。可是它仍然顽强地挺立在那儿，继续努力地生长，坚持向上。它坚定地挺立于石头侧面，丝毫不在意自己的生长环境。想想，那些温室里长起来的花草，根本就无法理解它的坚强吧！

我来试一试

_____

_____

_____

2. 它是怎样的？请用文字记录它的身影。

以"小草"为例：

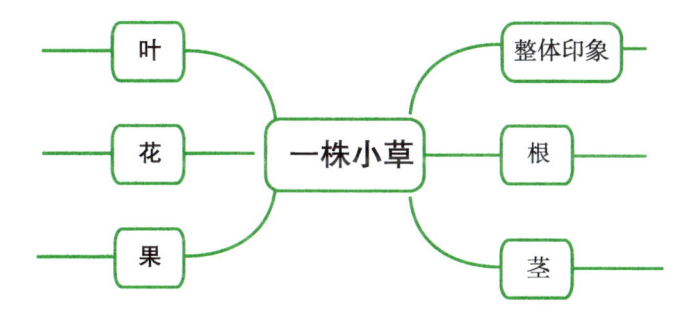

叶　　花　　果　——　一株小草　——　整体印象　根　茎

例

这是一株娇嫩的小草。它那褐色的细小的茎从缝隙中伸出来，大约十几厘米长。如果你仔细看，还能看到茎上又白又细的绒毛。茎的顶上还有几朵紫色的花。花瓣犹如美丽的紫水晶，花蕊好似璀璨的黄金。叶子那翠绿的颜色，明亮地照耀着我的眼睛。叶片细细长长，一头尖尖的，像一个被拉长的鸡蛋。淡淡的叶脉，在绿叶中若隐若现。

我来试一试

_____

_____

3. 设身处地想一想：它曾面临怎样的生存危机？

以"小草"为例：

- 狂风：
- 暴雨：
- 面临的危机
- 严寒：
- 酷暑：

例

看着它，我陷入了沉思：炎热的夏天，当我们舒服地待在空调房舔着冰棒时，它却高昂着娇嫩的头，似乎在对烈日宣布："我不怕你的炎热！"寒冷的冬天，我们缩在温暖的被窝，小草却依然昂着头，傲然挺立在风中。台风"天鹅""鲇鱼"猛烈来袭的时候，人们关紧窗户，把风雨隔离在外面。而它却努力地站稳脚跟，与狂风搏斗。台风一过，它又抖抖身上的水珠，重新绽开灿烂的笑脸。

我来试一试

_____

_____

_____

4. 想开去——有感而发。

它最打动你的是什么？由此，你想到了生活中的哪些人或哪些事呢？

例

这些植物靠着那少得可怜的养分活了下来。看着它们，我想到了那些贫困儿童。他们也像小草一样，生活条件艰苦，却没有屈服。而我们有优越的生活条件，好的学习环境，却没少叫苦叫累。不少穷困的孩子，小时候像小草一样，艰苦地生活，却屹立不倒。他们凭借钢铁般的坚强，踏上了幸福的生活道路。相反，不少条件富足的孩子却不懂居安思危，不去努力，长大后只能靠父母。

我来试一试

_____
_____
_____

三、话题延伸

在寻找大自然踪迹的活动中，你获得了什么启示？

例

瞧，在这么艰苦的环境下，这不知名的小花都能开得如此艳丽。我想，人更是如此——只要我们努力奋斗，就一定会拥有灿烂的明天！

> 我来试一试

_____
_____

四、借助思维导图写作文

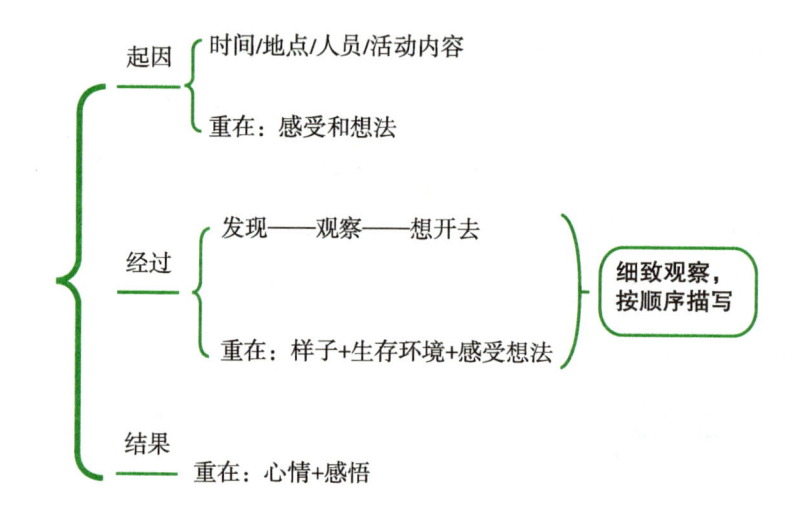

```
       ┌ 起因 ┬ 时间/地点/人员/活动内容
       │      └ 重在：感受和想法
       │
       │      ┌ 发现——观察——想开去      ┐
  ─────┤ 经过 ┤                            ├ 细致观察，
       │      └ 重在：样子+生存环境+感受想法 ┘  按顺序描写
       │
       └ 结果 ── 重在：心情+感悟
```

五、佳作引路

小草给我的启示

福州市茶园山小学四年级　黄长歌

今天早上，我在花园里漫步。忽然，我看到前面的石凳侧面有一抹清新的绿色。上面还缀着一丁点儿紫色的"珍珠"。我走近它一看，原来是一丛娇嫩可人的小草。令人惊讶的是，它居然生长于石凳的裂缝处。

我蹲下来仔细看。它的茎是那样细，几乎看不见，但却青翠欲滴。挨着叶子的那部分变淡了些，越往下越深。看着和头发丝差不多的茎，我真不敢想象，它是如何从这坚硬细小的石缝中钻出来的。

它的叶子，仿佛是用一块无瑕的翡翠雕琢成的。它那青玉般的色泽，明亮地照耀着我的眼睛，似乎每一片绿叶上都有一个新的生命在颤动。我抚摸着它光滑的叶片和细嫩的脉络。真让人不能想象，它是在石缝中诞生的。

它细小的茎上，有的已经开出了淡雅的紫色花儿。每朵花都有四片花瓣，中间缀着黄色的花蕊，花蕊上还沾着晶莹的露珠。花儿小心地捧着这颗露珠，好像捧着一颗璀璨的钻石。一阵微风吹来，小花翩翩起舞。它那优美的舞姿和幽幽的花香吸引来了蝴蝶和蜜蜂。它们似乎在为这顽强的生命力喝彩。我不禁也被感动了。

生命虽短暂，但若能绽放出光彩，便可称得上永恒。小草虽柔嫩，但它的力量却也称得上强大！

大自然的启示

福州市钱塘小学四年级　邓浩凌

大自然给了我们许多启示：蚂蚁搬家告诉我们团结十分重要，蜘蛛结网告诉我们做事要坚持不懈，野花的生长绽放让我们知道生命的意义。

今天，我在小区里走过，无意间发现了一棵不起眼但震撼人心的小草。你瞧，在两块连我都搬不起来的石块的叠缝间，居然有一株茎部呈紫色、叶片油光发亮的小草。这一株娇嫩的小草，正骄傲地挺起胸膛，展示自己的生命力。它，没有因为在石块下不见天日而放弃生命；它，没有因为缺少养分而萎靡不振。它选择了坚强，在经历了一次又一次努力和拼搏中，钻出石缝长出来了。**这株小草告诉我，坚强才能创造奇迹。**

转过身去，我发现一大片沙堆中，有一丛茎有些发白，长着深绿色叶子的小草。在贫瘠的沙子堆中，它正在生长壮大。明天，它或许会长成几丛，一片；后天，它也许就会长成草坪！**这丛草告诉我，强大来自不懈的努力。**

水沟里，那株碧绿的小草被水管压着，被水疯了似的冲洗着。然而，它却总能在这样的洗礼后重新站稳，昂起了头。**坚韧的品格来自厄运的冲刷，这是那株小草向我揭示的真理。**

大自然给我们很多启示。只要你细心观察，用心品味，小小的草都能让我们悟出许多道理。

习得方法

深入思考，升华主题——在事件中，找寻"得"与"失"的缘由，从中总结经验与教训；从他人、他物的闪光、动人之处入手，找寻值得学习、借鉴的精神与品质。

第30课　龙头凤尾
我和书的故事

一、话题激趣

书是我们亲密的伙伴。有书相伴的时光，充实且难忘。回想一下，让你爱不释手的书有哪些？你和这些书隐藏着哪些鲜为人知的故事呢？

二、锁定素材

1. 拓展思路：你与书，曾有过哪些故事呢？

```
           享受                    结缘
              \                  /
               "我"与书的故事
              /                  \
解决问题                            "窃读"记
提高认识 ── 收获             痴迷 ── "误事"记
  ……                              ……
```

2. 筛选素材：写下两个你最难忘的读书故事吧！

例

深夜，我躲在被窝，打着手电筒看《斗罗大陆》。

(1) _____

(2) _____

3. 突出重点：把故事写具体，写生动。

例

星期天，我从睡梦中惊醒。我打算再睡一会儿，却想起：昨晚买的《冒险小虎队》还没来得及看呢！我立刻从床上爬起来，打开书包，掏出书，打开台灯，看了起来。

我看得正兴奋的时候，妈妈突然打开门，虎着脸大声说："起床了不去洗脸刷牙，还在这看书！"我吓了一跳，赶紧合上书，蹦下床，跑去卫生间刷牙。

刷着刷着，我心里痒痒的，又想看那本书了。我心里有了个计划：去房间偷拿那本书到卫生间来看。嗯！就这样做！我把牙刷轻轻地放到杯子上，嘴里还含着牙膏。我先伸出头四处望了望，妈妈正在炒菜。我踮起脚尖，偷偷地跑到了房间，拿起那本书，又马上跑回卫生间。我很高兴，把书打开靠在镜子上，一边刷牙一边看。我看得很开心，牙齿刷了有几十遍。突然，妈妈炸雷般的声音响起："方剑韬！叫你刷牙，你还看书。"吓得我，牙刷从手上滑落，嘴里一大口的牙膏水差点吞了进去。妈妈眉头紧锁，生气地说："这本书我没收。"

话音刚落，我立刻刷完了牙，跑到妈妈面前乞求说："妈妈，把书还给我嘛！这本书很好看的，我下次不会再这样了。"十分钟的乞求之后，妈妈终于把书还给了我。妈妈去上班，我看了一整天的书，感觉十分过瘾。

方法总结

（1）把事情的前因后果交代清楚。

（2）生动地再现人物的表情、动作和语言。

（3）内心的感受和想法写具体。

我来试一试

三、龙头凤尾，让文章更出彩

1. 积累富有美感的语言素材。

（1）借鉴：写下关于"书籍"的名人名言。

例

书犹药也，善读之可以医愚。——刘向

（2）自创：发自内心，用美的语言赞美"书籍"。

例

书是我生活中一道可口的"美餐"，我每天都要去"品尝"它。

2. 巧用富有感染力的语言素材，为文章拟出"龙头凤尾"。

（1）开头：怎样引出故事，能更好地吸引读者呢？

例

"一日无书，百日荒芜！"我也有这种感觉。每天，我至少要看半个小时的书。可这天，我竟没有看书的时间。于是，我便在睡觉前，"密谋"看书大计。

> 我来试一试

_____
_____
_____

（2）结尾：怎样总结全文，能再次拨动读者的心弦呢？

> 例

书，开阔了我的眼界，启迪了我的智慧，给我带来了无穷的乐趣。我要感谢书，是它们让我的每一天变得温暖，变得有色彩……

> 我来试一试

_____
_____

四、话题延伸

1. 看书有哪些好处呢？
2. 好书要怎样选择呢？

五、借助思维导图写作文

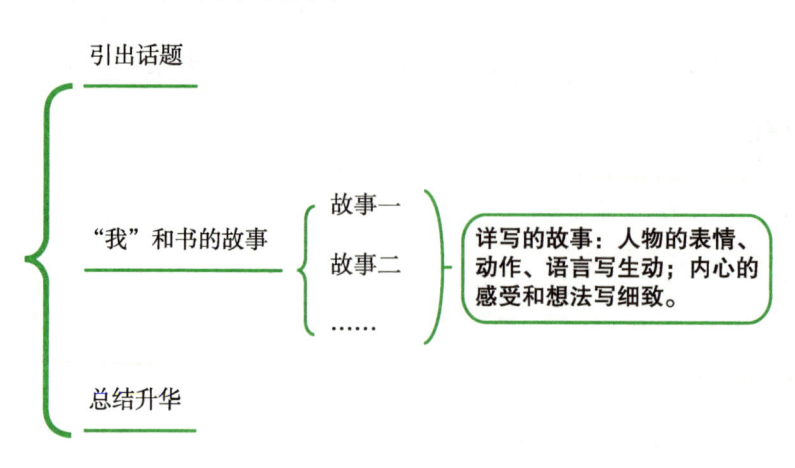

```
         引出话题
       ┌
       │                    ┌ 故事一
       │                    │         ┌ 详写的故事：人物的表情、
       │ "我"和书的故事 ┤ 故事二   │ 动作、语言写生动；内心的
       │                    │         └ 感受和想法写细致。
       │                    └ ……
       │
       └ 总结升华
```

六、佳作引路

家中"窃读记"

福州市钱塘小学五年级　许苑

书，一个多么平凡的字眼啊！它却蕴含着人类世界的精华。我爱书，爱到走火入魔的地步。一拿到书，我就老想看，想无止境地多看一会儿。于是，我和妈妈斗智斗勇的故事就上演了。

嘿，妈妈正在发呆。我蹑手蹑脚地走到书房，小心翼翼地抽出一本书，然后一溜烟地躲进厕所。我锁上门，如饥似渴地读了起来。一页，两页……突然，门外传来一阵急促的脚步声。老妈来了！顿时，我的脑子乱成一团麻。怎么办？被发现可不得了。我心急如焚：早知道就不把书带进来了。对了，我灵光一闪：可以把书塞在马桶边上，再用垃圾桶遮挡。我立刻把书按计划放好，然后打开门锁，一本正经地坐到马桶上。

"你怎么上个厕所要这么久？"老妈的脑袋伸进来探了探，问道。"没啥，肚子疼。"我皱起眉头，故作有气无力地说。老妈的目光像扫描机一样扫描了整个卫生间。我的心都要蹦出来了。还好，老妈没发现。我心里的大石头落了地，也跟着老妈走出厕所。

一天，两天……转眼间，一周过去了，家里风平浪静，我渐渐忘记了"藏书之事"。"许苑，你看看这本书。"妈妈有力的声音从背后传来。我转过身，愣了一会儿后，爆笑起来。原来那本书我忘了带出来，现在变成了"落汤书"。我越笑越欢，最后，老妈也笑起来了。窃读事件就这样落幕了。

书不仅带给我们丰富的知识,也带给我们无限的乐趣。这啼笑皆非的"窃读记",你看过后,是不是也会意一笑了呢?

翻版《窃读记》

福州市茶园山小学五年级　黄长歌

晚上11点,我一手握着手电筒充电,一手把《斗罗大陆》按在被窝里,竖起耳朵仔细地听着外面的动静。

今天是星期五。晚上,该睡觉了,我正看到《斗罗大陆》的精彩之处,很不情愿地上了床。过了一会儿,我蹑手蹑脚地下了床,跑到书柜旁,拿出那本《斗罗大陆》,塞进衣服里。当我准备往回走时,妈妈打开阳台门,要去洗衣服。我连忙卧倒,滚了一下,藏在书柜和桌子交界的地方。过了一会儿,我听见外面没有声音了,才敢出来,爬回了床上。

11点10分左右,我再也等不下去了,打开充电完毕的手电筒,钻进被子,津津有味地看了起来。

11点半,外面传来脚步声,我已经放松警惕,浑然不觉即将来临的危险。开门声响起,我才反应过来。我以迅雷不及掩耳的速度关了手电筒,藏进口袋,将扎在裤子里的上衣解开,将书塞进去,再扎好。这一系列动作已经在之前演练过,这次只花了两秒。警报解除,我又继续看。

过了一会儿,我瞄了一眼门缝,外面已经黑了。我跳下床,打

第五单元　巧妙构思

开门确认了一下。我站在门外一看，由于房间开灯，外面可以看见灯光。我皱着眉头想了想，然后抱着被子，塞进了门缝。我继续看呀看，一不小心，睡着了。

过了一会儿，我又醒了，怎么也睡不着。于是，我索性又看起书来。不知不觉，已经3点钟了。我闭上眼睛，回味着刚才的故事，很快就进入了梦乡。

习得方法

龙头凤尾

1. 理解含义："龙头"是抛砖引玉；"凤尾"是升华主题，起到画龙点睛的作用。

2. 了解方式：开门见山、名言引入、环境描写、设置悬念等多种开头的方法，只要是适合文章内容，能吸引读者的，就是"龙头"。

自然收尾、点明主题、名言总结，环境衬托等多种结尾的方法，能触动人心，让人回味，就是"凤尾"。

3. 实操方法：多想几个开头和结尾（至少三个），选择最满意的一个。

第六单元　自由表达

第六单元　自由表达

单元目标

学写不同类型的作文，记录自己的探索，感受世界的丰饶。

好奇心引领我们探索世界。

当我们静心投入，方寸之间，亦是丰饶的世界。

一个人、一个物、一种现象、一次想象……皆可成为笔下的内容。

记录自己的探索，享受自由表达的快乐！

第 31 课　写人
特别的奖颁给 _____

一、话题激趣

奖状是一种认可，也是努力的见证。要是让你来颁发一张特别的奖状，你想颁发给谁？为什么呢？

二、拓展思维

我们的身边，大多数都是普通人，他们在认真地生活，努力地工作。他们的身上，有着值得称颂的品质、值得肯定的行为。让我们为这样的普通人颁发特别的奖状吧！

获奖嘉宾	奖项	缘由
例：好友林一婷 1. 2. 3. ……	好学奖	爱学习，会学习

三、锁定素材

传播正能量，从了解嘉宾的故事开始！

1. 特别嘉宾是＿＿＿＿＿＿＿＿

2. 特别的奖项是＿＿＿＿＿＿＿＿＿＿＿＿＿＿＿＿＿＿＿＿＿＿

3. 颁奖的理由是＿＿＿＿＿＿＿＿＿＿＿＿＿＿＿＿＿＿＿＿＿

4. 典型的故事有：

（1）＿＿＿＿＿＿＿＿＿＿＿＿＿＿＿＿＿＿＿＿＿＿＿＿＿＿＿

（2）＿＿＿＿＿＿＿＿＿＿＿＿＿＿＿＿＿＿＿＿＿＿＿＿＿＿＿

……

四、梳理思路

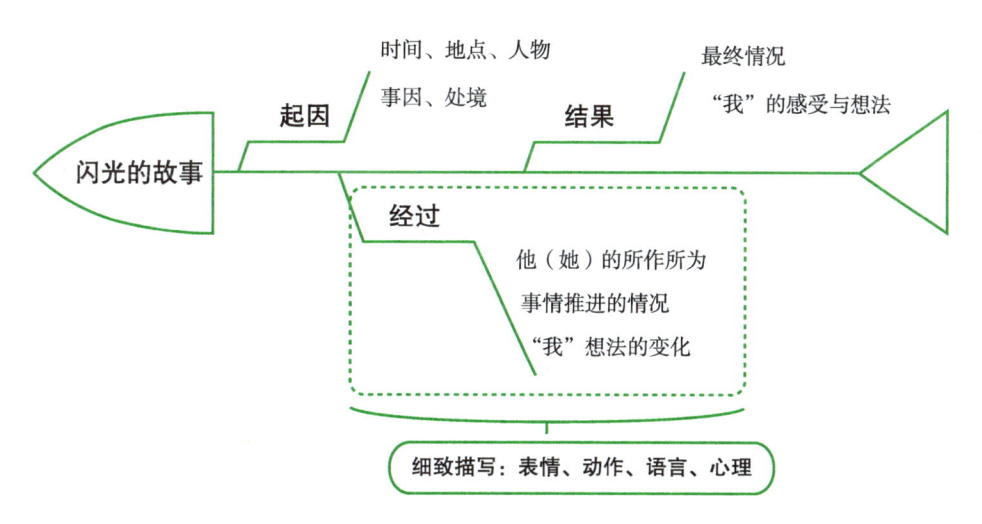

闪光的故事
- 起因：时间、地点、人物；事因、处境
- 经过：他（她）的所作所为；事情推进的情况；"我"想法的变化
  - 细致描写：表情、动作、语言、心理
- 结果：最终情况；"我"的感受与想法

例

有一次上数学课，老师给我们出了一道难得不能再难的数学题。我和同学们一听，你看我，我看你，却不知道如何下手。我朝林炎喆看去，他正在认真思考。过了一会儿，他竟然举手了！老师请他来说怎么解。他很流利地把解题思路说了出来。老师微笑着示意他坐下，并当众表扬了他："能解出这道题，非常了不起！很多比你们大的孩子都做不出来。""哇，厉害！"我不由得暗自佩服他。

我来试一试

故事一

_____

_____

_____

故事二

_____

_____

_____

五、话题延伸

善于发现他人的优点，是一种美好的品德！真诚地给予他人肯定，是在播撒善意的种子！让我们多多给身边的人"颁奖"，不管是用文字，还是用语言。课后，就让我们罗列一个颁奖清单，去"颁奖"吧！

六、借助思维导图写作文

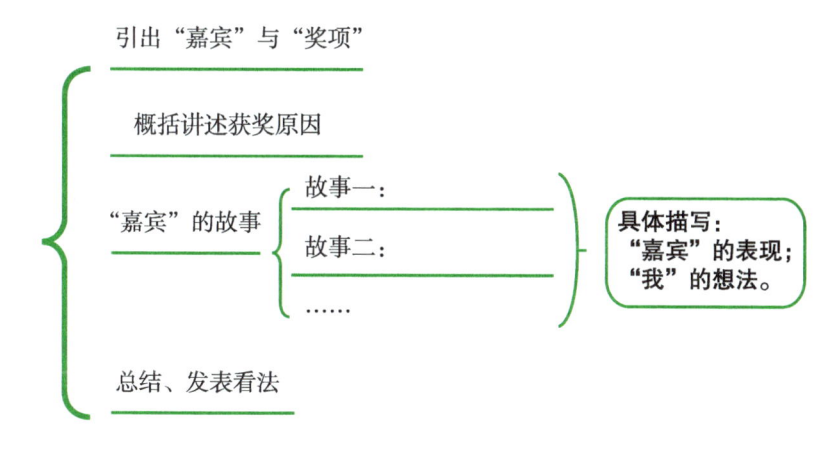

```
        ┌─ 引出"嘉宾"与"奖项"
        │
        │  概括讲述获奖原因
        │
        │                  ┌─ 故事一：          ┐
        │  "嘉宾"的故事 ──┤  故事二：           ├─ 具体描写：
        │                  │  ……               │  "嘉宾"的表现；
        │                  └                    ┘  "我"的想法。
        │
        └─ 总结、发表看法
```

七、佳作引路

一张特别的奖状

福州市鼓楼区第二中心小学三年级　廖义畅

我得给妈妈颁发一张奖状。什么奖呢？当然是"最好妈妈奖"喽！

幼儿园时，我体质很差，经常生病。每次生病，妈妈都会放下工作，回家照顾我，带我去看病。记得有一次，我发烧了，还在工作的妈妈得知了这个消息，**着急忙慌地带上挂瓶的工具和体温计回家了**。她摸了摸我的头，皱着眉头说："好烫！得挂瓶。"我心想：会不会痛啊？妈妈看穿了我的小心思，温柔地说："义畅，不用怕，是妈妈给你挂！"

就在不久前，我又生了一场大病。凌晨一点，我在床上睡觉时，突然"咳咳，咳咳咳……"不停地咳嗽起来。虽然妈妈已经熟睡，但她敏锐的耳朵还是听见了我的咳嗽声。被惊醒的她，急忙走过来摸我的额头，并安慰我说："没事儿，只不过是喉咙发炎了而已！"我听了，松了一口气，说："只是喉咙发炎，不用吃药喽！"话音刚落，妈妈急忙说："不行，就算只是喉咙发炎，也得吃药！""好吧！"我勉强答应。在妈妈**慈爱的目光**下，我吃下了药片。

妈妈对我的关心，可不只是生病的时候。有一次，我滑倒了，却没有在意。没想到，我一到家，妈妈就发现我的脚淤青了。她看了看伤口，**一脸心疼**地问我："你没事儿吧？""我没事！"听到我的回答，妈妈的眉头才松开。

妈妈如此关心我，爱我。我想给妈妈发一张"最好妈妈奖"，并对她说："妈妈，谢谢您！"

最佳好友奖

福州市小柳小学三年级　叶灵

今天，我想给好朋友发一张"最佳好友奖"。因为她善良、贴心，陪伴我度过许多快乐的时光。

有一次，她陪我去看电影。到了现场，我们发现没什么空位了。找了一会儿，她看到了一把空椅，便让我坐。我不好意思坐下，她却对我俏皮一笑，说："我坐着会看不到的，站着比较舒服。"于是，**我满心感激地坐下来。**

她的记性不太好，但会记得我所有的喜好。前不久，我们出去玩。她忘带水杯了，我想分她一点水。她笑着说："没关系！我们喝奶茶吧！"不一会儿，她走了回来，手里拿着两杯奶茶。她递一杯给我："叶灵，你的，蓝莓味少冰多糖！"哇，她记住了我喜欢的口味。**那一刻，我感到又开心又幸福！**

有一次，我们班同学正在吹陶笛。我不小心吹错了一个音，感觉十分尴尬。她注意到了，就又故意吹错一个音，让别人以为是她吹错的。**我十分意外，也非常感动！**

还有一次，我的画还没画完，得留下来继续画。尽管她也没画完，但还是过来帮我。两个人的力量就是不一般，才过了五分钟，我的画就完成了。后来，我的画得了奖，她的却没有。本该是她得奖的，因为她画画的水平比我高。然而，她为了帮我，自己画作却没有完成。

只要有时间，她就会陪着我，对我总是那么好。就算我对她搞恶作剧，她也不会怪我！

我很感激她，想回报她。这一回，我要把"最佳好友奖"发给她！

习得方法

写 人

1. 抓住人物特点：品质特点、性格特点、爱好特点，只要有独特性，都是可以的。

2. 把人物写活：人物的特点在故事中展开，逼真的形象在细节（表情、动作、语言）中凸显。

3. 具体方法：除直接描写外，还可与"他人表现"作对比；用"我"的想法来衬托，主人公的"与众不同"就能跃然纸上。

第 32 课　写动物
我喜欢的小动物

一、话题激趣

你养过小动物吗？养过哪些小动物呢？与你亲密接触过的小动物中，哪些小动物是你特别喜欢的？选择一种你最了解的，介绍给大家吧！

我喜欢的小动物是＿＿＿＿＿＿＿＿＿＿＿＿＿＿＿。

二、梳理思路

1. 说说它的外形：抓住它的与众不同，按一定的顺序说。

以哺乳动物为例：整体—部分。

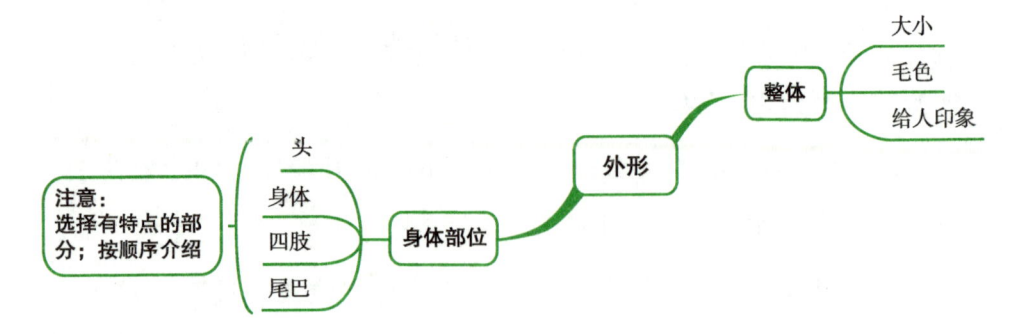

```
注意：              头
选择有特点的部分；  身体  ─ 身体部位 ┐         ┌ 大小
按顺序介绍          四肢              ├ 外形 ─ 整体 ─ 毛色
                    尾巴                        └ 给人印象
```

第六单元　自由表达

例1 小兔

这是一只淘气可爱的小兔女生。瞧，一身雪白的绒毛；两只叶片大小的耳朵自然地耷拉下来；两颗黑宝石般的大眼睛镶嵌在小小的脸颊上；尾巴像银铃一样悬挂在身后，好像每走一步都会发出清脆悦耳的响声似的。正因为如此，它才得到了一个好听的名字——银铃。

例2 小乌龟

小乌龟大约一个碗的大小，身穿一件墨绿色的衣裳。它背着一座房子，那是它坚硬的外壳。虽然不能抵御所有的危险，但是可以抵挡狮子老虎的利齿。它的头呈椭圆形，两侧的小眼睛黑芝麻似的，嘴巴小得看不清。它的四只小脚又扁又短，但却很灵活。游泳时，小脚在水里前后摆动，像四只小船桨。最有趣的是它那细小的尾巴，就像一株含羞草，一碰就缩回去了。

我来试一试

_____
_____
_____

2. 聊聊它的生活习性：选择你印象深刻的方面说，不必面面俱到。

以哺乳动物为例：选择熟悉的方面具体说。

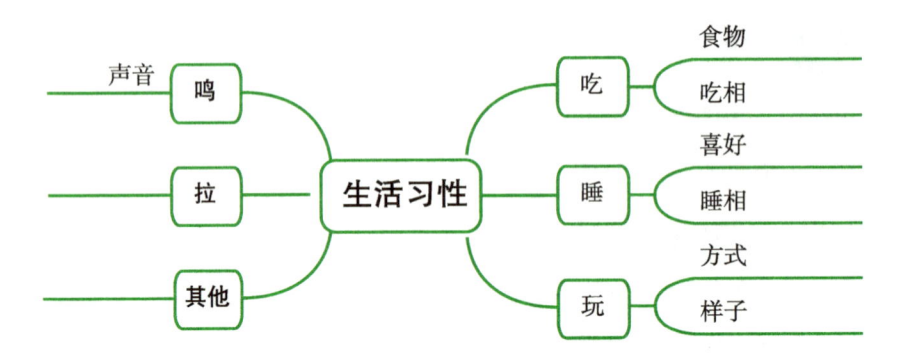

```
         声音 ─ 鸣                         ┌ 食物
                                      吃 ─┤
                                          └ 吃相
              拉                           ┌ 喜好
                       生活习性         睡 ─┤
                                          └ 睡相
              其他                         ┌ 方式
                                      玩 ─┤
                                          └ 样子
```

例1 小兔

银铃大部分时候都是很乖巧的，只是吃东西时的表现却恰恰相反。我把装叶子的碗递进笼子。它一刻也不会耽误，迫不及待地扑上来，大口大口地吃。瞧，它小巧的嘴巴总是上下左右全方位地动着。有时饿到不行，还会边吃边漏，弄得满身残渣。再没有了大家闺秀的风范，一点儿也不像平时那只爱干净的小兔子。

例2 蚕宝宝

小胖只吃桑叶，而且只吃那种大大的、绿绿的，十分挑剔。桑叶只要是残缺不全的，就算多么的香，多么的翠绿，它也不要。它的吃相和别的蚕也不一样。别的蚕总是慢吞吞地爬过来，小心翼翼地咬下一口，然后细嚼慢咽，一片叶子大概需要一个小时才吃完。它却总是迅速地移过来，伸长了颈子大咬一口桑叶，狼吞虎咽地吃。有时，它连别人口中的食物也敢抢。只见它用力地把别的蚕挤到一边，自顾自地吃起来，真是霸道！大概就是因为贪吃，所以才会长这么壮。以至于我要常常伺候它，天天给它添饭、添饭、添饭，像饭馆里的堂倌一样。

> 我来试一试

3. 讲讲它的性格：分享让人感到出乎意料的、难忘的事。

例1 蚕宝宝

小胖还很淘气。它吃完桑叶，还会到一些残缺的桑叶上去荡秋千。有一次，它趁我不注意，爬到了我的手背上。我发现后，吓得一蹦三尺高。这时，妈妈看到了，也发出了超高分贝的叫声："啊——"可这震耳欲聋的声音对它丝毫没有影响。我把它抖回盒子后，它居然若无其事地吃起叶子来。我真是无语了！

例2 小仓鼠

它真是一副"霸道＋傲娇总裁"的派头啊！我给它一个漂亮的食盆，里面装满食物。可是，它竟然在里面尿尿！尿完还不够，它小尾巴一翘，几粒"黑豆豆"就从上面掉了下来。给它吃点补钙的饼干吧！布兜嗅了嗅，啃了几口。嗯，味道还不错。于是，它就欢快地吃了起来。姐姐想逗逗它，便把饼干抬走了。它用厌恶加怨恨的眼神盯着姐姐。姐姐把饼干再次伸过去的时候，它闻了闻，竟然一脸嫌弃地转过身，钻进窝里睡大觉了。姐姐的手就这么尴尬地悬在了半空……

> 我来试一试

219

三、借助思维导图写作文

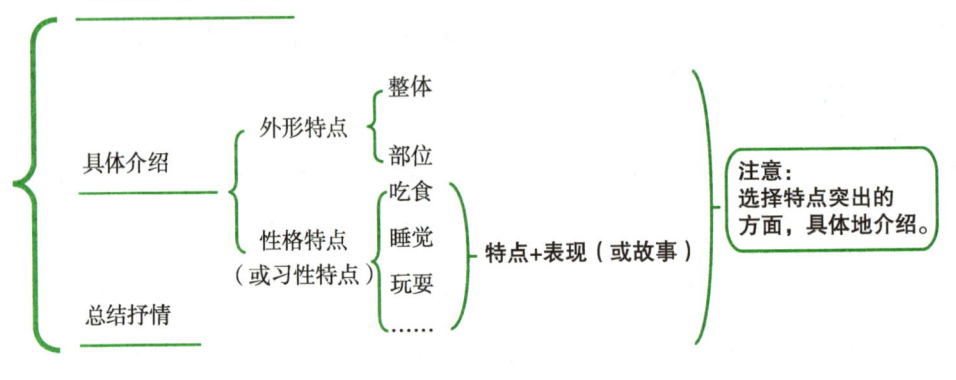

```
          ┌─ 引出要介绍的小动物
          │
          │            ┌─ 外形特点 ┬─ 整体
          │            │          └─ 部位
          │            │
具体介绍 ─┤            │            ┌─ 吃食
          │            │            │ 睡觉    ── 特点+表现（或故事）
          │            └─ 性格特点  │ 玩耍
          │              （或习性特点）└─ ……
          │
          └─ 总结抒情
```

注意：选择特点突出的方面，具体地介绍。

四、佳作引路

我家的老乌龟

福州市钱塘小学四年级　林奕辰

我家有一只乌龟，十三岁了。外公老跟我开玩笑，要我叫它"哥哥"。

老乌龟的头是椭圆形的；小脑袋两侧，缀着黑芝麻一样的眼睛；中间长着个小巧的鼻子；鼻子下是一张月牙形的嘴巴。它背着一个墨绿色的壳，四肢又短又粗，尾巴却是小小的。

没人的时候，它会把脖子伸得老长。要是你轻轻碰一下它的小尾巴，小尾巴就会"咻"地一下缩进龟壳里。**要是在水中**，它那又短又粗的腿会像船桨一样有规律地划动，可灵活啦！

你别看它背着壳，一副老实样儿。**其实，它可坏了！**有一次，它向阳台上的洗衣台爬去。那个洗衣台距离地面足有一米。它爬上去，却直接从上面摔下来，摔了个四脚朝天。可它也不歇会儿，翻个身子，就大模大样，从容不迫地从我面前爬过了！还有一次，它从洗衣台上摔下来后，趁外公在看电视的当儿，偷偷摸摸地爬到了书桌下的垃圾桶后头。我们全家找了三天都没找到，直到外婆清理垃圾的时候才发现它。

它的吃相很奇怪。我把小肉片放到它面前，它先是瞪肉块一眼，然后突然伸长脖子，把小肉块咬住吞下去。它的架子十足，吃饭非得要一个人伺候。要是小肉块放歪了，它也不吃，非要我们把小肉块端端正正地摆在它面前不可。如果吃饱了，你放什么美味佳肴，它也毫不理睬。

我家的老乌龟真是特别奇怪，不过我挺喜欢它的！

可爱的小仓鼠

福州市钱塘小学四年级 李相贤

这只小仓鼠估计是从哪个小摊贩那儿溜出来的。上学时，它匆忙地从草丛里窜出来，莫名其妙地跳到了我的手心里。"噢，小白鼠耶！"我当即给它取了个名字，叫小诺。

小诺全身雪白雪白的，像颗棉花糖。两颗红亮亮的眼珠子，跟红宝石没啥区别。不论什么味道，都瞒不过它那只灵敏的小鼻子。小诺的那两只小脚丫最好玩。它的爪子是淡红色的，看上去很细，实际上却硬得很！小诺爬在手上的感觉痒痒的，还有点黏。仔细看，它的脚掌上却没有什么类似黏液的东西。

它喜欢幻想，什么都能玩儿。可能它和我一样，也是双鱼座的吧！双鱼座有个最大的特点——喜欢戏水。它常常把水池当游泳池。一次，我把小诺抱进浴室。它一溜烟蹿进水盆。我用湿巾给它洗起澡来。它那淘气劲可真是够我受的。它在水里撒野似的，溅起了许多水花。我有些生气，把沐浴露倒在它身上。它迅速地钻进水底。顿时，水面上冒出一连串的水泡。澡总算洗得差不多了，我用纸巾包住它。可小诺就像上了发条一样挣扎着……

我家的小诺就是可爱，有时淘气，有时乖。我没办法不喜欢它！

习得方法

写 动 物

1. 抓特点写：特点是每一个小动物的标识，你要善于观察，并找到它们。

2. 多方面介绍：外形特点，描写吸引人们目光的部分；性格特点，写给人印象深刻的表现。

3. 具体写法：外形——从总体到部分；性格——从生活习性入手，写下它的表现（或故事）。

第33课　写活动

美食，我的爱

一、话题激趣

爱美食，爱生活！你吃过哪些美食呢？哪几种美食是你念念不忘的？这回，找些伙伴，一起去品尝（或畅聊）美食吧！

二、梳理思路

1. 行动准备。

"品尝美食"计划书	
目的地	
出行方式	
目标美食	
零花钱预算	
记录	
心情和想法： 伙伴的表现：	

> **例**

今天,我兴高采烈地走进班级。因为我早就知道本次作文课是体验生活——到北大路去品尝美食!我中午饭吃得少,能在此时就吃到美食,当然是人间美事!再说啦,这次是跟同学结伴去,只要有钱,想吃啥就吃啥,多痛快!

> **我来试一试**

_____

_____

_____

2. 向美食"进军"。

到了目的地,你和伙伴是怎样选择店铺和美食的呢?

	名称	选择的原因
店铺		
美食	1. 2. ……	
记录		
心情和想法: 伙伴的表现:		

> **例**

我们三个一群,五个一伙,开始寻找中意的美食店。这时,一个小伙伴叫道:"这家店不错!"我们抬头看过去。啊,这不是"阿肥发扁肉店"吗?这里的东西可好吃了!我怎么没想到!想着,我便带头走进去!

> 我来试一试

3. 享用美食。

充分调动五官,细细观察,好好品味吧!

美食记录卡	
名称	色香味
1.	
2.	
3.	
记录	
心情和想法: 伙伴的表现:	

> 例1 独自享用

那金黄色的拌面上洒了一些酱油,所以中间的面是深棕色的,周围的面是嫩黄色的。热腾腾的面上撒了一些翠绿的葱。闻一闻,有一股葱的清香和面的麦香,真诱人!咬一口,嗯,润滑的面、油而不腻的酱汁、脆爽的葱互相融合,真是人间美味啊!

例2 结伴享用

我端着包子和豆浆坐到位子上。看到旁边的兰钧铭正大口地吃着煎包，还不时地感慨说："好吃，好吃！"看他吃得那么起劲，一定很美味！我拿起煎包，只见包子面上油光发亮的，中间煎得有些黄，闻起来香气扑鼻。我吃了一口，外面的皮有些松脆，还带一些葱香味，咬一口，里面的肉馅儿便露了出来。肉馅儿中夹杂着些葱，怪不得刚才会有葱香味儿。再咬一口肉，肉的味道更好，滑嫩多汁。我终于知道为什么兰钧铭会左一口右一口，狼吞虎咽地吃了。

我来试一试

_____
_____
_____
_____

4. 完美"收官"，回味体验活动。

品尝美食，给你带来什么样的感觉？这一次的生活体验，让你想到什么？

例

生活体验时，同学们只要看到中意的食品，拿走给钱就搞定了。我们花起钱来如流水，可爸爸妈妈赚钱却要付出许多的劳动和汗水。我想说，爸爸妈妈赚钱不容易，我们要节俭，不要随便乱花钱！

我来试一试

_____

三、话题延伸

倘若是"畅聊美食会",你想介绍哪一种美食?准备从哪些方面来介绍它呢?

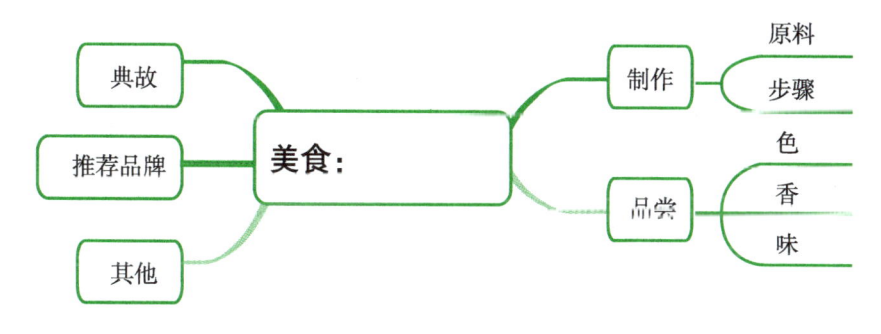

```
                    ┌── 典故
                    │
         ┌── 推荐品牌 ──┐                ┌── 原料
         │            │       ┌── 制作 ──┤
  美食： ─┤            ├──────┤          └── 步骤
         │            │       │          ┌── 色
         └── 其他 ─────┘       └── 品尝 ──┼── 香
                                         └── 味
```

例 制作

荔枝肉是将腌制好的瘦肉裹上生粉,下油锅炸熟,捞出后,用番茄酱翻炒而成的。制作好的荔枝肉上有大大小小的鼓包,上面裹满了番茄酱,闻着就有一股淡淡的酸甜味。

例 品尝

到了最激动人心的环节——品尝可乐鸡翅了。鸡翅整齐地码在雪白的盘中,看着就十分诱人。鸡翅金黄金黄的外表,焦糖色的汤汁,使人一看就马上有了吃的冲动。夹起一块,放到鼻子下一闻:"啊,真香!"放入口中,它那美妙的味道——香醇甜蜜,瞬间就在口腔中弥漫开来。鸡翅的表皮,由于煎过,薄薄酥酥的,韧性恰到好处;再咬一口,肉质厚实、肥而不腻,很有嚼劲儿。要是喜欢,可以给它裹上一层番茄酱，味道堪比山珍海味。让人吃了一个，还想吃第二个，甚至连手上的汁儿都想舔个干净。

四、借助思维导图写作文

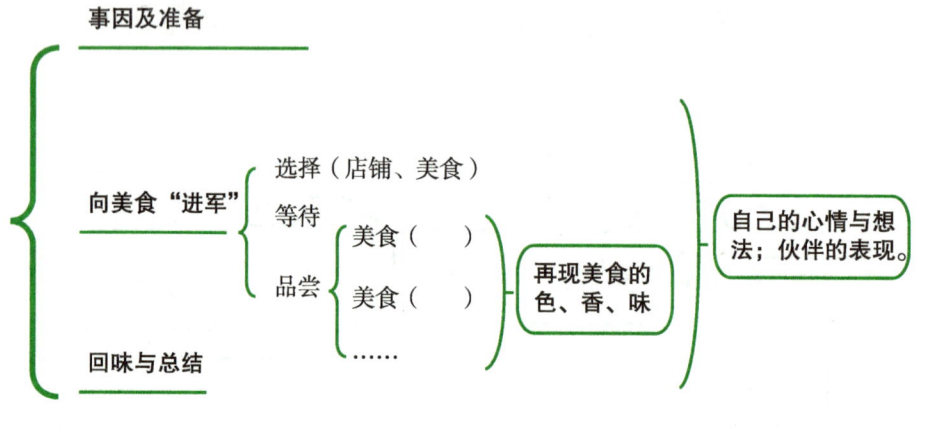

```
          ┌ 事因及准备
          │
          │              ┌ 选择（店铺、美食）
          │              │
          │              │ 等待    ┌ 美食（  ）     ┌ 再现美食的 ┐   ┌ 自己的心情与想 ┐
          ┤ 向美食"进军" ┤         ┤                ┤ 色、香、味 ├── ┤ 法；伙伴的表现。│
          │              │ 品尝    │ 美食（  ）     └            ┘   └                ┘
          │              │         │
          │              │         └ ……
          │
          └ 回味与总结
```

五、佳作引路

吃 美 食 去

福州市钱塘小学四年级　陈鸿鹏

今天，我和连霄去吃小吃。可逛了半天，也没找到一家合适的店。走来走去，我们终于停在一家店铺门前。

我买了一个虾仁肉包，洁白的面皮，点缀着螺旋状的纹理。掰开面皮一看，红色的虾，棕色的肉，发光的油，真是绝配啊！闻一闻，一股葱、虾、肉混合的香味钻到鼻子里。因为是在大街上，我左忍右忍，都快变成"忍者"了。终于，在香味的诱惑下，我咬了一口。瞬间，鲜香的葱、鲜嫩的肉和Q弹的虾在我口中徘徊，真是人间美味呀！我便以迅雷不及掩耳的速度干掉了包子。

吃完了包子，我们继续走。我发现了"妯娌老鸭粉丝馆"里挤满了课外班的同学。他们怎么来这儿了？禁不住米粉香味的诱惑，我们进店，一人点了一份酸菜粉。不一会儿，一份份香味扑鼻的米粉端了上来。晶莹剔透的米粉，淡黄色的油炸豆腐，暗绿色的酸菜，奶白色的高汤……一碗小吃五彩缤纷，看得我眼花缭乱。我拿起筷子，向米粉"城池"攻去。哇，抓获几个"俘虏"往嘴里塞。嗯，QQ的，太美味了！可是后来，呃——咋说呢？蚯蚓般的米粉，滑溜溜的，筷子怎么也夹不住。我愤怒了，拿起勺子打起，立马取了它的"首级"。吃了一会儿，我在碗里加了醋和胡椒，把它变成了酸辣粉，吃得浑身冒汗。

吃完了酸菜粉，拿起剩下的钱，我和连霄心满意足地走了！

极品美食——佛跳墙

福州市梅峰小学五年级　余尚峻

世间美食千千万，而最让我惦记的就是福州的特色美食——佛跳墙！

关于佛跳墙，有这样一个**传说**：很久很久以前，有一位对食物总是百般挑剔的仙人，似乎什么美食都入不了他的眼。而他尝到佛跳墙的时候，却因为好吃，高兴得跳了起来，跳得比墙还高！从此，这道菜被人们称作"佛跳墙"了。

那么，佛跳墙味道好一定是毋庸置疑的了。没错，佛跳墙是一道味道鲜美，香味浓郁，色泽好看的菜品。当然，要跟大家说明的是，正宗的佛跳墙一定要在福州的聚春园吃。在佛跳墙这道菜中，你可以品尝到金黄诱人、浓郁鲜美的鲍鱼，一口便可让人沉醉；蛋白Q弹，蛋黄入口即化的鹌鹑蛋；饱满圆润、嫩滑味鲜的海参；鲜嫩爽滑的杏鲍菇……这道菜中的每一种**食材**都很珍贵，营养价值高，味道鲜美。这道菜，真是让人一想到，口水便要"飞流直下三千尺"！

不仅仅是食材口感惊人，佛跳墙的**汤汁**更是让你过口难忘。多种食材慢火久炖，精心**熬制**出来的汤，淋上珍藏多年的福建老酒，便有了浓郁柔润、鲜香扑鼻、荤而不腻、味中有味的口感。再细细品味，其中饱含鲍鱼的鲜、杏鲍菇的嫩、海参的滑、鹌鹑蛋的润……真是让人垂涎欲滴，欲罢不能。

美食让人身心愉悦，是我们生活中不可缺少的一部分。我推荐大家到福州聚春园，去品尝佛跳墙，让你的生活多一种独特的味道。

习得方法

写 活 动

1. 观察：在活动进程中，注意观察相关事物，留意内心的感受和想法。

2. 写作：按活动的进展介绍情况；活动过程中，印象深刻的部分详写；活动的场面写精彩，自己的感受和想法写细致。

第34课　写自然现象
寒冷的冬日

一、话题激趣

冬天，不可避免地让我们感觉到冷。通常，我们对"冷"都避之不及，但"冷"却常常让我们感受到它的存在。既然如此，我们何不正视它，谱写下关于"冷"的篇章呢！

二、锁定素材

1. 正面视角——寒意袭人的时刻。

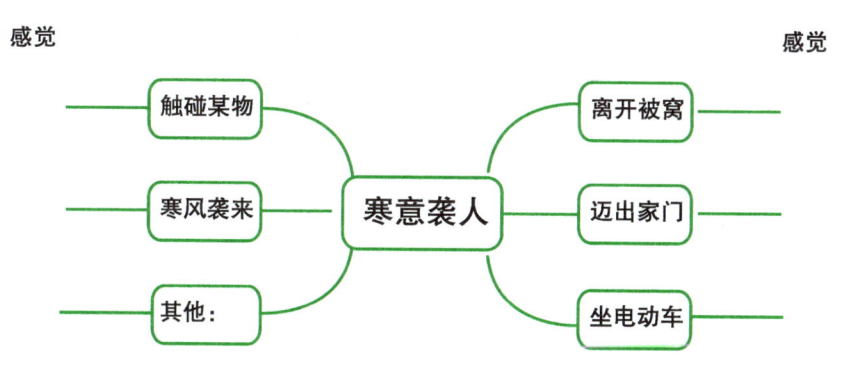

感觉　　　　　　　　　　　　　　　　　　　　感觉

- 触碰某物
- 寒风袭来
- 其他：

寒意袭人

- 离开被窝
- 迈出家门
- 坐电动车

你有过哪些真切的体验呢？选两到三个试着说一说。

方法：寒意袭来＋肢体感觉＋防护措施＋内心想法

例

早晨，我和往常一样，又听到了烦人的闹钟声。我只好掀开被子，准备起床。但意想不到的是，刺骨的寒冷灌进我的身体。我风驰电掣般钻回了被窝，把热水袋抱得紧紧的，心想：天哪！太冷了！但是没办法，我不能迟到呀！我只好小心翼翼地离开了温暖的被窝，飞快地穿好衣服。然而，衣服也是冰的，我浑身打起了冷战。

我来试一试

_____
_____
_____
_____

2. 反面视角——抵御寒冷的措施。

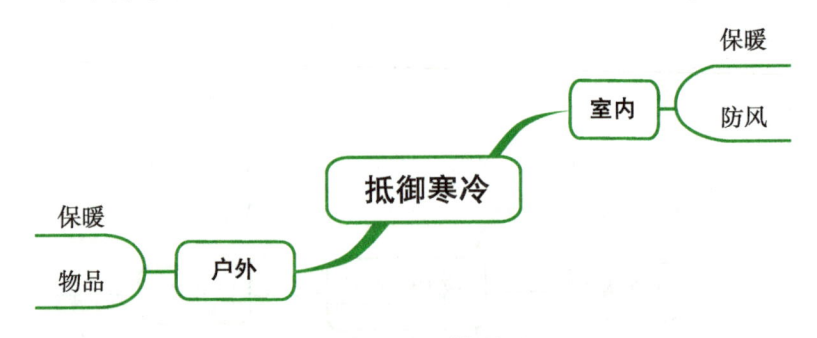

抵御寒冷
- 室内
  - 保暖
  - 防风
- 户外
  - 物品
    - 保暖

你和家人为了御寒，采取了哪些措施？

方法：物品＋感受＋想法

例

爸爸载着我，骑着电动车行驶在路上。路上的电动车都跟我们一样，装上了挡风被。我想，要是去除挡风被，我们就要被冻成冰棍了！我的手指不小心碰到了电动车上的金属杆，感觉它跟冰块没两样，冻死我啦！可是，手插在口袋里，我也还是能感觉到寒冷！

我来试一试

_____

_____

_____

3. 侧面视角——外界寒冷的烘托。

```
                                    ┌── 老人
                          ┌── 着装 ──┼── 年轻人
                          │         └── 小孩
                ┌── 他人的防护 ──┤
                │               │         ┌── 走路
   外界的寒冷 ──┤                └── 出行 ──┤
                │                         └── 骑车
                │           ┌── 天空
                │           ├── 动物
                └── 物的状态 ┤
                            ├── 植物
                            └── 建筑
```

目之所及的冷，让我们更深刻地领悟寒冬的威力。说说你所看到的寒冷吧！

方法：整体群像＋典型个体＋内心想法

例 人物版

路上，老人们都裹得严严实实的，走起路来慢吞吞的；年轻人

233

都缩着脖子骑车；小朋友也穿得像个雪球一样，圆滚滚的，失去了往日的活泼。有个骑车的年轻人居然把一只手插在口袋，用另一只手抓车头。到了等红灯的时候，他就赶紧把两只手都插进了口袋。天真是太冷了！

我来试一试

_____
_____
_____

三、梳理思路

有了丰富的素材，我们就可以进行有机整合，按照一定的顺序写成作文啦！

根据素材，选择合适的写作顺序：

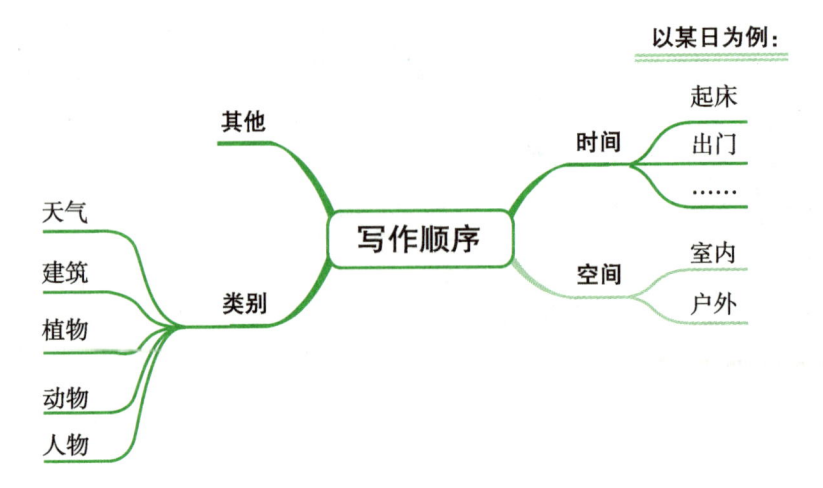

以某日为例：

写作顺序
- 其他
- 类别
  - 天气
  - 建筑
  - 植物
  - 动物
  - 人物
- 时间
  - 起床
  - 出门
  - ……
- 空间
  - 室内
  - 户外

四、借助思维导图写作文

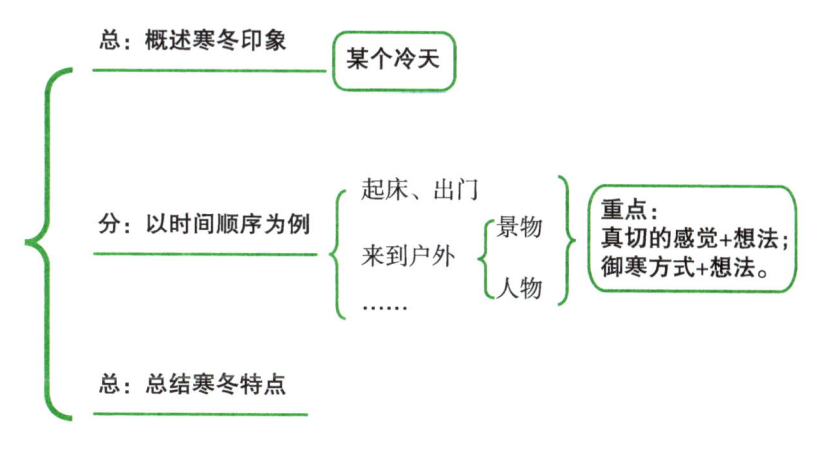

```
总：概述寒冬印象 —— 某个冷天

分：以时间顺序为例 ┬ 起床、出门
                  ├ 来到户外 ┬ 景物   重点：
                  └ ……      └ 人物   真切的感觉+想法；
                                     御寒方式+想法。

总：总结寒冬特点
```

五、佳作引路

寒冷的冬日

福州市钱塘小学四年级　韩泽林

冬天，给你留下怎样的印象？福州的冬天虽不是冰天雪地，却也是寒冷的。说到今年的冬天，我想到的就是一个字——冷！

今天早晨，我正陶醉在美梦中呢！突然，窗户"嘭嘭嘭"地动了几下，让我清醒了许多。我坐起身来，一股寒冷的气息扑面而来，我的全身开始发颤，不禁把身子缩成一团。我知道，面对恐惧，迎难而上是最佳方法。于是，我掀开被子，鼓足勇气，穿上了提前准备的长袖衫。啊，好冷哪！

转眼就到了晚上，我穿上了厚厚的外套准备去上作文课。我打开了家门，冷风瞬间刮过来，让我禁不住往后退。"呜呼，冷死我了！冷死我了！"我关上门，匆匆忙忙地加上了一层衣服，喝了一杯

235

热茶，又左右手掌心相对摩擦了好几次，这才敢踏出家门。

街上寒风彻骨，走在路上的那些大狗都不得不穿上厚厚的衣裳。道旁的小树和店铺显得死气沉沉。再看看路上的行人，有的戴着帽子，把手插进外套口袋；有的脖子系上了一条围巾，把嘴巴和鼻子藏在里头，活像个"蒙面杀手"；有的人似乎穿得不够，缩着脖子、摩挲着手……因为寒冷，我呼出的气体和汽车的尾气都变得白白的了。冬日的寒冷，真是处处可见！

这是福州最寒冷的日子了！

寒冬印象

福州市鼓楼区第二中心小学三年级　廖义畅

今年，福州的冬天真冷呀！

今天早晨，我掀开被子，立刻就感受到了一股寒意。我恨不得缩回暖和的被窝。可是，我还得去上课。无奈，我只好以最快的速度穿上衣服，去洗漱。此时，我已经不能再用冰冷的水漱口了，不然牙会冻得受不了的。

吃过早饭，我背上书包去上学。一打开家的大门，一阵狂风迎面扑来，我不由得打起了寒颤。走出家门，我感觉脸就像被刀割一般。虽然我穿了很厚的衣服，但凉风还是灌进了我的脖子，寒冷迅速传遍全身，脚不禁瑟瑟发抖起来。

冲上汽车关上门，我才松了一口气。我把脸贴在窗户上往外看，都能感受到寒冷。路上的老人，全副武装，只露出了眼睛。有些步行的年轻人行色匆匆，似乎是想尽快回到温暖的室内。孩子们也穿得厚厚的，戴着帽子和围巾，没有了往日的活泼。瞧，有个骑车的人，一只手插在口袋里，另一只手扶着车把手。到了等红灯的时候，他赶紧把两只手都放入口袋中取暖。这天气，真是冷得不行呀！

到了目的地，我下车的瞬间，感觉好冷啊！我多么希望时光能倒流，能回到温暖的被窝中。我往四周望去，草木都变得枯黄了，建筑也显得死气沉沉，好似它们也感到寒气。

走进教室，我看到不少同学都把手插在口袋里。虽然我已经待在了室内，但身上还残留着室外的寒气。

啊，福州的寒冬来了。它只能用一个"冷"字来形容呀！

习得方法

写自然现象

1. 获取素材：做有心人，去发现并关注大自然中的各种现象。

2. 描写现象：每一种现象会以不同的方式，让我们感受到它。那么，我们就可以从感受切入，通过不同的视角来观察并描写它。例如从"冷"的感觉入手，找到让我们感受到"冷"的来源，锁定正面、反面和侧面的视角，展开描写。这样，"冷"就写活了，也让读者可感了。

第 35 课　写想象故事
我的奇遇记

一、话题激趣

奇妙的想象世界，任由我们的思绪驰骋。让我们走进想象世界，经历一次精妙绝伦的奇遇，完成一段奇特的梦幻之旅吧！

二、锁定素材

在想象世界中，我们无所不能。这次，我们就按自己的意愿来想象一下吧！

1. 确定主人公。

你想与谁来一场穿越时空的相遇呢？是历史上真实的人物，还是故事中的虚拟人物呢？你们在哪儿相遇？那是什么时候？

时间：_____　地点：_____　主人公：我与_____

2. 搭建故事框架。

你们是怎样相遇的？之后，你们曾到过哪儿？分别干了什么？

| 奇遇 | 第一站是：
事情： | 第二站是：
事情： |

三、展开想象

1. 我们的相遇——奇特又自然。

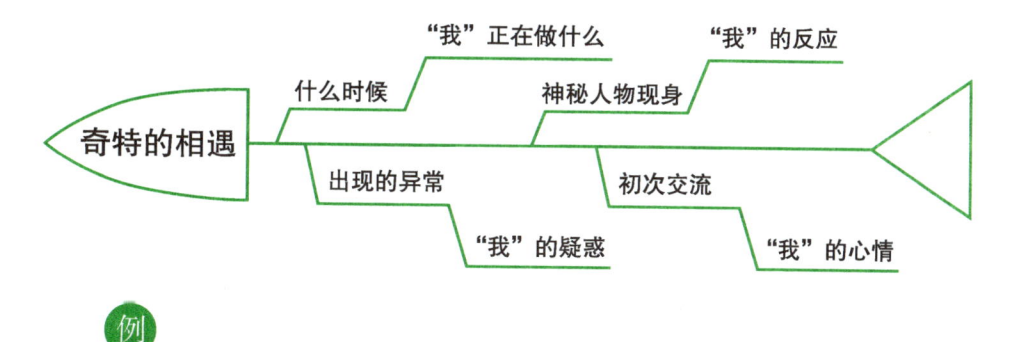

```
                "我"正在做什么      "我"的反应
         什么时候        神秘人物现身
  奇特的相遇
         出现的异常      初次交流
                "我"的疑惑       "我"的心情
```

例

今天，我正在看动画片《超能陆战队》。突然，电视机里的大白盯着我，那双天真烂漫的眼神若有所思。紧接着，它使劲一蹦，跳出了电视机。我一愣，惊讶地开口："大白，你好！你为什么跳出电视机？你演电视有多少人爱看哪？你可是主角。如果你走了，大家就没得看了呀！"大白摇着头回答："《超能陆战队》里全是战争，我不喜欢。我喜欢和平的世界。"

我来试一试

_____
_____
_____
_____

2. "梦幻之旅"开启——奇妙又有趣。

在这奇妙的旅程中，你们到了哪儿？看到了哪些新奇的事物？有了哪些特别的经历呢？请展开细致的想象。

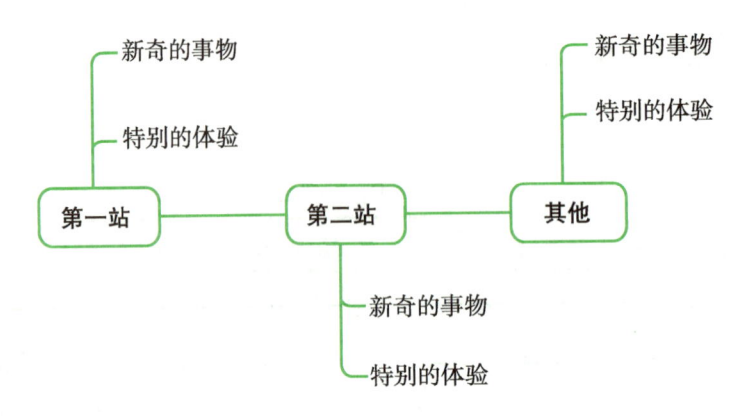

```
         ┌─ 新奇的事物                    ┌─ 新奇的事物
         │                              │
         ├─ 特别的体验                    ├─ 特别的体验
         │                              │
    ┌────┴─┐      ┌──────┐      ┌──────┴─┐
    │ 第一站 │──────│ 第二站 │──────│  其他  │
    └──────┘      └───┬──┘      └────────┘
                     │
                     ├─ 新奇的事物
                     │
                     └─ 特别的体验
```

例

到了玉兔和嫦娥住的广寒宫，我**发着抖问**："你们这一直都这么冷吗？"玉兔回答："是的。我们这真的很冷。"进了宫殿，我看见了坐在宝座上的嫦娥仙子。我跟她问好后，她微笑着带我去了"**银水树林**"。"里面真的好美啊！"我由衷地赞叹。只见一棵棵树都是银色的。来到银水河边，波光粼粼的河面上有一圈圈的波纹。我用手轻轻地摇一摇树，可以听见"铃铃铃"的铃铛声。参观完了银水树林，嫦娥说："我们回广寒宫看夕阳吧！"

回到广寒宫，我们一起在阳台上看着火红的夕阳慢慢地从橘红色变成淡红，再变成金黄色。在最后一丝光线也消失后，广寒宫里顿时灯火通明，像白天一样。过了一会儿，厨子叫大家吃饭了。晚饭很丰盛，都是我叫不出名字的菜肴。每道菜都很美味。我、嫦娥和玉兔都吃了不少。

我来试一试

_____

_____

3. 道别离开——不舍加期待。

美好的一天结束了,你心情如何?你们分别的情景是怎样的?你是怎样回到现实世界的?

例

突然,萨拉公主一拍脑袋说:"时间不早了,我得送你回到人类世界了!"我这才想起来,爸爸妈妈看不到我,一定会很着急的。萨拉公主将每一种好吃的东西都打包了一些,让我带回去给爸爸妈妈品尝。萨拉公主让我闭上眼睛躺在床上。过了三分钟,我睁开眼,发现又回到了原来的家。妈妈正在客厅叫我起床。我看着床边那些好吃的东西,不知道该怎样向妈妈解释。

我来试一试

四、讲一讲,演一演

1. 找两个小人偶,一个代表自己,一个代表另一个主人公(或找伙伴来分配角色)。

2. 根据剧情设计,展开表演。

3. 演出结束后,反思角色的表情、动作、语言的呈现是不是合理。

五、借助思维导图写作文

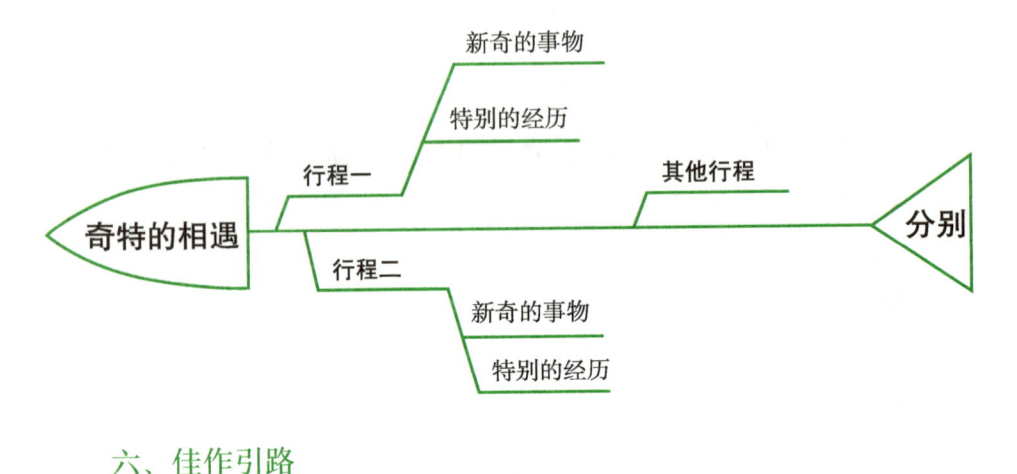

```
奇特的相遇 —— 行程一 —— 新奇的事物
                    —— 特别的经历
          —— 行程二 —— 新奇的事物
                    —— 特别的经历
          —— 其他行程 —— 分别
```

六、佳作引路

我的奇遇记

福州市晋安区榕博小学三年级　林铭轩

一天，我在上学的路上看见一只流浪猫。我不想让它待在危险的路上，就把它抱起来。我把它放到校门口的一个角落，喂它吃了些食物，就上学去了。

放学回来，我立刻去看流浪猫。我看到有一群人正围着那个角落。我上前一看，流浪猫不见了，出现了一只皮卡丘。我一脸蒙，心想：动漫里面的人物怎么会在这里出现呢？奇怪的是，它的周围像是有结界一样。别人都进不去，靠近不了它。而我可以进出。

我轻轻地抚摸皮卡丘的头，说："皮卡丘，你怎么会出现在这里？""我听说你很喜欢我，我才来到人类世界的。走，我带你去宝可梦世界玩。"我惊喜万分，连连点头。

我们一眨眼就来到了宝可梦世界。哇，这里的山、这里的水和人类世界可不一样！皮卡丘带我去玩滑梯，荡秋千，玩游戏……还带我去精灵训练馆。在那里，皮卡丘告诉我宝可梦吃什么，教我怎么喂养宝可梦，怎么捉宝可梦……哇，实在太有趣了！

皮卡丘还让我选宝可梦。我选了伊布。后来，我们去捉了一只水箭龟，然后去打火箭队。火箭队看到我的时候哈哈大笑："一个小孩子，怎么可能打败我们？哈哈哈……""你们等着瞧吧！"我派出了全部的宝可梦，火箭队被打得满地找牙。

时间不早了，我该回去了。我送给了皮卡丘像它一样的公仔，它送给了我大钻石。我拿着礼物依依不舍地离开了。

我的奇遇记

福州教育学院附属第二小学三年级　范楚笛

一天，我在家里写作业。突然，一道闪电划过天空，紧接着传来了雷声。我吓了一跳，赶紧走到窗户边看看情况。

我往天空中看了看，没有打雷，也没有下雨。突然，我意识到什么，猛地低头一看：脚下的地面变成了方块组成的一片青草地。不时，还能看见几只方块形的小鸟。正当我在思考怎么回事时，天空中传来了一个声音："不用担心！这里三天等于现实世界的两秒！尽情地玩吧！这里是'我的世界'。"

那个声音刚刚结束，我的眼前就出现了一个黑影。他正从树下缓缓走来。我正想问他是谁，那个黑影发话了："哎呀，被发现了。

我是实体303。"他走到阳光下，我才看清他的脸：皮肤是白的，脸是黑的。他的那双红色的眼睛疑惑地看着我。我反应过来，但一时也不知道说些什么。我们俩只能你看看我，我看看你。虽然我认识实体303，可他不认识我呀！没想到，他说话了："楚笛，我们一起去挖钻石吧！""你……你怎么知道我的名字？""每一个来到这里的人，头上都会出现自己的名字。你看我头上也有一串名字。"果然，实体303头上显示出他的名字。虽然我看不到自己的名字，但别人应该看得到那玩意儿。

实体303丢过来一件下界合金甲，示意我穿上。他穿上了下界合金甲，跳到了岩浆里去挖钻石了。我也鼓起勇气跳进了岩浆里。咦，怎么不烫？我想起：穿着下界合金甲就不怕烫了，更不会被烧死。我在岩浆里东摸摸，西摸摸，摸到硬的东西，就先装起来。哇，这次收获可真不小，尽管花了两天时间，但我收获了近一组钻石。实体303收获更多，都快有三组钻石了。

快乐的时间总是短暂的。转眼间三天过去了，我恋恋不舍地向实体303告别了。我按吩咐，闭上了眼睛。不一会儿，我又回到了自己的家。我真期待有机会再去一趟"我的世界"呀！

习得方法

写想象故事

1. 先确定主人公，再搭建故事框架：时间、地点、人物、起因、经过、结果。

2. 大胆地想象：想象世界中目睹的新奇事物，想象世界中的特别体验。

3. 入情入境地想象，写出逼真的细节：合理想象人物在特殊情境中的表现（表情、动作和语言），真切想象自己置身其中的感受和想法。

第 36 课　写感想
《钉子的故事》读后感

一、话题激趣

阅读使人丰富，思考使人深刻。写读后感，能让阅读更有意义。这回，我们来学习写读后感吧！

二、锁定素材

"读"是"感"的基础：请认真阅读短文《钉子的故事》，并作批注。

钉子的故事

有个小男孩脾气很坏，他的父亲决定帮助他改掉坏脾气。一天，父亲给了他一大包钉子，要求他每发一次脾气，就用铁锤在他家后院的栅栏上钉一颗钉子。第一天，小男孩在栅栏上钉了 16 颗钉子。

过了几个星期，他发现，不发脾气比往栅栏上钉钉子要容易些。慢慢地，小男孩学会了控制自己的坏情绪，每天在栅栏上钉钉子的次数渐渐少了。到后来，小男孩变得不爱发脾气了。

他把自己的转变告诉了父亲。父亲又建议："你如果能坚持一整天都不发脾气，就从栅栏上拔下一颗钉子。"经过一段时间，小男孩终于把栅栏上所有的钉子都拔掉了。

父亲拉着他的手来到栅栏边，亲切地说："儿子，你做得很好。但是，你看看那些钉子在栅栏上留下的小孔，栅栏再也不会是原来的样子了。当你向别人发过脾气之后，你的言语就像这些钉孔一样，会在别人的心灵中留下疤痕。这就好比用刀子刺向他人的身体，即使把刀子拔出来，那伤口也会永远存在。"

小男孩明白了，口头上对人造成的伤害与伤害人的身体没什么两样。

三、梳理思路

1. 形容阅读短文后的心情（也可以写阅读文章时的心情变化）。

2. 试着用几句话概括文章的内容（讲清楚事情的起因、经过和结果）。

3. 回味：短文中，什么触动了你？

感悟：　　　　　　　　词句：

触动"我"的

情节：　　　　　　　　人物：

四、拓展思维

1. 最触动你的是什么？被触动的瞬间，你的心情和想法是怎样的？

触动"我"的是	心情和想法

2. 深入探究：生活中有类似的人或事吗？为什么会存在这样的现象呢？

联想到的

事情：

人物：

3. 试着把感想说具体。

方法：触动的点＋感受＋联想＋领悟

例

"当你向别人发过脾气之后，你的语言就像这些钉孔一样，会在别人的心灵中留下疤痕。这就好比用刀子刺向他人的身体，即使把刀子拔出来，那伤口也会永远存在。"这两句话是文中父亲教导儿子时说的话。这两句话深深地触动了我，让我想起看到的一则新闻：一名主播称赞自己的优点，网友就开始骂他："你唱歌比乌鸦唱得还难听！""你的外表比我家猫还难看！""你以为你幽默吗？那些笑话都能把我冷到北极了呢！""你就没有优点！"……后来，网友越骂越嚣张，越骂越离谱。不久，这个主播就成了抑郁症患者。最后，他发布了一期视频后跳楼，不幸身亡。这件事引得我多次泪目。没错，充满恶意的语言就如同一把刀，可以戳穿人心。

我来试一试

_____
_____
_____
_____

五、借助思维导图写作文

- 交代作品名称，讲述整体感觉
- 简单介绍作品的内容（与背景）
- 深入思考，有感而发
  - 触动点+感受+相关联想+领悟 ┐
  - 触动点+感受+相关联想+领悟 ├ 详写
  - …… ┘
- 总结阅读的收获

六、佳作引路

《钉子的故事》读后感

福州市钱塘小学五年级　李凯炆

今天傍晚，我读了一篇文章《钉子的故事》，心中感慨万分！

这篇文章讲的是：一个小男孩脾气很坏，他的父亲想了一个好办法。他让小男孩发脾气的时候，在栅栏上钉钉子，不发脾气后把钉子拔出来。最后，小男孩改掉了坏习惯。

"但是，你看看那些钉子在栅栏上留下的小孔，栅栏再也不会是原来的样子了。当你向别人发过脾气之后，你的言语就像这些钉孔一样，会在别人的心灵中留下疤痕。"这句话深深地触动了我，还让我想到了同桌。每一回，只要我不小心超越中线，同桌就会破口大骂："李凯炆，你是一只大肥猪吧！整天超线，你看你那圆滚滚的身子……"这情景就像是同桌拿着一把加特林机枪一直"突突突"地向我射击。那些话就像子弹，把我的心打得千疮百孔，痛得我流下冰冷的眼泪。此时，再看这句话，我默默地想：我可不要做同桌那样的人，我要注意自己的言行举止，不要随意伤害他人。

看完了文章，我却忘不了文中的父亲。这是一个优秀的父亲，是所有家长应该学习的榜样。这个父亲知晓孩子脾气很坏，并不是像大部分家长那样，简单粗暴地用打、骂孩子的方式，让孩子长记性，改掉毛病。他用了特别好的方法，巧妙地让孩子知道发脾气的坏处，自觉地去改正。这是很多家长都做不到的。就像我的母亲，知道我做错了事，一言不合就拿起棍子要打我。唉，我真羡慕那个男孩！

读了这篇文章，我知道在生活中要注意自己的言行，也懂得了解决问题可以有更好的办法。这篇文章带给我的收获真大呀！

生于忧患，死于安乐
——《在生命的外衣下》读后感
福州市梅峰小学五年级　余尚峻

一个幽静的夜晚，我读了《在生命的外衣下》这篇文章，心中久久不能平静。

文章讲述的是一只极其美丽的巴西龟，它在饥寒交迫中存活下来，却死于安乐的环境中。它的死因令人啼笑皆非——被香蕉撑死了。

文中的一句话，深深地触动了我："在饱足中的节制，可能比困危中的忍耐还要艰难。"是啊，有多少人在困境中破茧而出，取得了成就；而又有多少人在富贵中沉沦下去，浪费了自己的生命。或许，忧患能够激起人的勇气与斗志，而安乐却会让人越陷越深。在我的家乡，就有一个鲜活的例子。我的一个邻居，父母是个有钱人，而他也顺理成章地成为"富二代"。但富有却让他变得懒惰，没有了追求。他饭来张口，衣来伸手，每天都无所事事。据说，他每天睡到中午十二点起床，除了吃饭和睡觉，就是盯着手机屏幕。本应该去高中学习的他，辍学在家，荒废时光。周围人不忍心看他那颓废的样子，一次次地提醒他，他却还是不以为然。才十七岁的他，就如此懒惰、颓废。真是无法想象，他长大以后，要是没有父母的财富支持，会沦落为什么样子。

　　文中的最后一句话，也令我回味许久："如果没有鲜活的生命，没有深刻的生活，名利和权位只是供人瞻仰的外壳，又有什么意义呢？"生活中，许许多多的人都极力追求外貌的美丽，因而催生了整容医院、化妆品的盛行。虽说"爱美之心人皆有之"，但我更赞同那句名言："好看的皮囊千篇一律，有趣的灵魂万里挑一。"就像《白雪公主》中的后妈一样，空有一副好看的外表，有什么用呢？她不能赢得大家的认可和尊重。实际上，名利、权位与美貌的本质都是一样的——身外之物。我想，我们更应该去追求内在的美好！

　　"生于忧患，死于安乐。"让我们记住这句话，让自己不要在富足的生活中迷失了方向。

习得方法

写　感　想

　　读后感，重在"感想"。从触发感想的"点"切入，认真品味、深入思考、展开联想，写下发自内心的感受。